LE PRINCE

Édition Moderne

Nicolas Machiavel

Calgaro Publisher

TABLE DES MATIÈRES

NOTE DU TRADUCTEUR

UN CAS DE CONSCIENCE pour tout traducteur de Machiavel, et surtout de Le Prince, est celui qui concerne le mot "virtù", qui, si littéralement il correspond à notre vertu, a pris en Italie de la Renaissance un sens spécial, totalement différent de celui qu'il a eu et a dans notre langue.

Les traducteurs de Machiavel ont l'habitude de contourner la difficulté en adoptant, pour "virtù", divers mots, selon le sens approximatif qui semble le plus approprié dans un chapitre ou une phrase donnée : valeur, habileté, talent, courage, qualités, autres attributs. Cela ne poserait aucun problème si l'œuvre de Machiavel, et surtout Le Prince, n'était pas considérée, jusqu'à récemment, comme un manuel du soi-disant "machiavélisme". Mais pour les étudiants modernes de l'œuvre de Machiavel, l'utilité pratique plus ou moins grande de ses formules et conseils politiques importe peu en soi, étant donné qu'elle est subordonnée aux situations spéciales de fait existantes à l'époque où son auteur vivait. Ce qui importe, et beaucoup, c'est le concept fondamental à partir duquel la pensée de Machiavel est arrivée à ses conclusions. Ce concept fondamental a résisté à l'épreuve du temps et n'a pas suivi le sort des formules empiriques et caduques que Machiavel a déduites de lui, pour son monde et son époque. Il se résume précisément dans le mot "virtù", lequel, défini en bref, consiste en la faculté de comprendre exactement toute situation de fait et d'y faire intervenir, pour la modifier, la libre volonté humaine.

Ainsi, "virtù" est à la fois la capacité intellectuelle de saisir les situations dans leur réalité substantielle et la volonté de les transformer selon ses propres fins : c'est, en d'autres termes, la volonté que les philosophes modernes appellent "économique" (pour la distinguer de la volonté guidée par les lois morales), la volonté en deçà de l'éthique, ni morale ni immorale, mais simplement amorale.

DE NICOLAS MACHIAVEL À MAGNIFIQUE LAURENT DE MÉDICIS

NICOLAUS MACLAVELLUS AD MAGNIFICUM LAURENTIUM MEDICEM

Le plus souvent, ceux qui souhaitent conquérir les faveurs d'un prince se rapprochent de lui avec des choses qu'ils estiment être les plus précieuses d'eux-mêmes, ou avec lesquelles il pourrait se délecter ; ainsi, ils lui offrent souvent des chevaux, des armes, des tissus d'or, des pierres précieuses et d'autres ornements dignes de leur grandeur. Désirant donc me présenter à Votre Magnificence avec un témoignage de ma servitude, je n'ai trouvé parmi mes biens rien de plus cher ni que j'estime autant que la connaissance des actions des grands hommes, acquise par la longue expérience des choses modernes et par la leçon constante des anciennes ; des actions que j'ai longuement méditées et examinées avec une grande diligence, et que j'envoie maintenant à Votre Magnificence sous forme d'un petit volume abrégé.

Bien que je juge cette œuvre indigne d'une présence aussi magnifique, j'ai une grande confiance, une grande confiance en votre humanité, qu'elle sera acceptée, considérant que je ne peux vous offrir de plus grand cadeau que la faculté de comprendre, en si peu de temps, tout ce que j'ai connu et compris en tant d'années, avec tant de peines et de dangers. Je n'ai pas paré cette œuvre de clauses étendues ni ne l'ai surchargée de mots recherchés et grandioses ; je n'y ai ajouté ni éloges ni ornements externes avec lesquels beaucoup ont coutume de décrire et d'embellir leurs œuvres ; car si j'ai cherché quelque honneur pour elle, que ce soit seulement pour la variété de la matière et la gravité du sujet.

Je ne veux pas que l'on considère comme de la présomption un homme de basse et humble nature conseillant et enseignant aux dirigeants des princes ; car, de même qu'il est opportun pour les cartographes de se placer dans les plaines pour étudier la nature des montagnes et des endroits élevés, et dans les hauteurs et les montagnes pour étudier la nature des plaines, pour bien comprendre la nature des peuples, il est nécessaire d'être prince, et pour bien comprendre celle des princes, il est nécessaire d'être populaire.

Acceptez donc, Votre Magnificence, ce petit présent avec le même esprit avec lequel je vous l'envoie. En le considérant et le lisant attentivement, vous connaîtrez mon désir extrême que vous atteigniez la grandeur que la fortune et vos autres qualités vous promettent. Et, si Votre Magnificence, du sommet de votre élévation, tourne jamais les yeux vers ces endroits humbles, vous saurez avec quelle indignation je supporte cette grande et constante adversité de la fortune.

COMBIEN IL Y A DE TYPES DE PRINCIPAUTÉS ET DE QUELLES MANIÈRES ELLES SONT ACQUISES

Quot sint genera principatuum
et quibus modis acquirantur

Todos les États, tous les domaines qui ont régné et règnent sur les hommes, ont été et sont soit des républiques soit gouvernés par un leader suprême. Les dirigeants suprêmes peuvent être héréditaires, lorsque le sang de leur seigneur est de lignée noble, ou ils peuvent être récemment établis. S'ils sont récemment établis, ils peuvent être complètement nouveaux, comme dans le cas de Milan pour Francesco Sforza, ou ils peuvent être incorporés à l'État héréditaire du leader suprême qui les acquiert, comme c'est le cas du Royaume de Naples pour le monarque d'Espagne. Les territoires ainsi acquis peuvent être habitués à la soumission à un leader suprême, ou ce peuvent être des régions qui jouissaient de la liberté; ils peuvent avoir été conquis avec l'utilisation de forces externes ou avec les forces du leader suprême lui-même; par chance ou par habileté.

DES PRINCIPAUTÉS HÉRÉDITAIRES

De principatibus hereditariis

Je n'aborderai pas ici les républiques, car j'en ai déjà discuté de manière approfondie à une autre occasion. Je consacrerai mon attention exclusivement au gouvernement princier, revisitant l'intrigue précédemment exposée, et examinerai comment ces principautés peuvent être administrées et préservées.

Par conséquent, j'affirme que dans les États héréditaires, enracinés dans la lignée de leur leader, il est plus facile de les maintenir que les nouveaux créés. Cela est dû au simple fait de ne pas renier l'héritage ancestral et, de plus, de s'adapter aux adversités. Ainsi, si le leader ne possède pas un esprit extraordinaire, il conservera le pouvoir indéfiniment, à moins qu'une force exceptionnelle ne le destitue. Et même s'il est destitué, aussi terrible que soit l'usurpateur, il regagnera le pouvoir.

En Italie, comme exemple, nous avons le duc de Ferrare, qui n'aurait pas résisté aux attaques des Vénitiens en 1484 et du pape Jules en 1510 s'il n'avait pas été pour l'ancienneté de son domaine. Le leader naturel a moins de raisons et de besoins d'offenser, ce qui le rend plus aimé. S'il ne cultive pas la haine à travers des vices extrêmes, il est juste et naturel qu'il soit bien vu par tous. Au fil du temps, les souvenirs et les raisons des innovations disparaissent dans l'ancienneté et la continuité du domaine, tandis qu'un changement laisse toujours exposés les points d'appui pour la construction d'un autre.

DES PRINCIPAUTÉS MIXTES

De principatibus mixtis

Dans le nouveau principat résident les difficultés. S'il n'est pas complètement nouveau, mais une partie ou une extension d'un autre, on peut affirmer qu'il s'agit d'un ensemble presque mixte ; ses variations découlent principalement d'une difficulté naturelle présente dans tous les nouveaux principats. En effet, initialement, les individus bienveillants changent de leader, convaincus des bienfaits de ce changement, et cette conviction les pousse à prendre les armes contre leur prince. Cependant, ils se trompent, car l'expérience révèle que de cette manière, ils ne font qu'aggraver la situation.

La nécessité naturelle et ordinaire d'offenser ceux qui passent sous le gouvernement, que ce soit par des forces militaires ou d'autres injures interminables inhérentes à la nouvelle acquisition, fait en sorte que le nouveau prince acquiert des ennemis parmi tous ceux qui se sentent offensés pendant l'occupation. Il ne pourra pas maintenir comme alliés ceux qui l'ont placé au pouvoir, car il ne pourra pas les satisfaire de la manière qu'ils imaginaient. De plus, il ne peut pas employer contre eux des remèdes sévères, car il est lié à eux, indépendamment de la puissance de ses armées. Il aura besoin de la faveur des provinciaux pour entrer dans la province.

Pour ces raisons, Louis XII, roi de France, a rapidement conquis Milan, mais l'a aussi perdu. La première fois, les forces de Ludovic ont suffi pour la lui reprendre, car ceux qui avaient ouvert les portes à Louis, désillusionnés par les attentes quant à l'avenir, n'ont pas pu supporter les désagréments causés par le nouveau prince.

Il est vrai que reconquérir les provinces rebelles une deuxième fois est plus difficile. Le seigneur, profitant de la rébellion, ressent moins de scrupules à assurer sa sécurité en punissant les rebelles, en identifiant les suspects et en protégeant les points les plus vulnérables. Ainsi, pour perdre Milan la première fois, il a suffi à la France que le duc Ludovic fasse du bruit aux frontières. Cependant, pour la perdre une deuxième fois, il a fallu que tous se coalisent contre elle, détruisant ou chassant ses armées d'Italie, comme résultat des raisons présentées précédemment.

Cependant, Milan a été prise à la fois la première et la deuxième fois. Les raisons universelles pour la première ont été discutées précédemment. Il reste maintenant à exposer les raisons de la deuxième et à analyser les remèdes que Louis avait à sa disposition, ainsi que d'autres princes dans la même situation, pour préserver la conquête de manière plus efficace que la France ne l'a fait.

Je dis donc que ces États, annexés à un État plus ancien par la conquête, soit sont de la même province et de la même langue, soit ne le sont pas. Lorsqu'ils le sont, il est facile de les maintenir, surtout s'ils ne sont pas habitués à vivre libres ; et pour les posséder en toute sécurité, il suffit d'éteindre la lignée du prince qui les gouvernait, car, dans les autres choses, en maintenant leurs anciens privilèges et en ne diversifiant pas les coutumes, les hommes vivront en paix, comme on l'a observé en Bourgogne, en Bretagne, en Gascogne et en Normandie, qui ont longtemps été sous la domination de la France ; et malgré une certaine diversité de langue, les coutumes sont similaires et peuvent facilement se concilier. Et celui qui les conquiert, s'il veut les maintenir, doit adopter deux précautions : d'une part, que la lignée du prince précédent soit éteinte ; d'autre part, ne pas modifier la loi ni les impôts en vigueur. Ainsi, en très peu de temps, le nouveau principat formera, avec l'ancien, un corps unique.

Mais lorsque l'on conquiert des États dans une province de langues, coutumes et gouvernements différents, les difficultés apparaissent ; il faudra le concours de la fortune et une grande habileté pour les maintenir ; et l'un des remèdes les plus efficaces serait que le conquérant y habite. Cela rendrait cette possession plus sûre et plus durable. C'est ce qu'a fait le Grand Turc en Grèce, qui, malgré toutes les autres mesures observées par lui pour maintenir cet État, s'il n'était pas allé y habiter, n'aurait pas conservé la conquête. Parce que, en y étant, il voit les désordres surgir et peut rapidement les remédier, n'y étant pas, il ne les connaît que lorsqu'ils sont déjà importants et n'ont plus de remède. De plus, la province n'est pas pillée par les officiers de conquête : les sujets sont satisfaits en s'adressant directement au prince ; ainsi, ils auront plus de raisons de l'aimer, en se disposant à être bons ; ou sinon, à le craindre. Celui qui voudrait attaquer cet État de l'extérieur serait plus prudent, car, le prince y vivant, il serait plus difficile de lui prendre ses biens.

Un autre bon remède est de fonder des colonies, en un ou deux endroits, qui serviront de obstacles à cet État, car il est nécessaire soit de procéder ainsi, soit de maintenir là-bas des forces d'artillerie et d'infanterie. Dans les colonies, les dépenses ne sont pas élevées, et sans trop de frais, elles peuvent être installées et entretenues, ne causant de préjudice qu'à ceux à qui l'on prend les terres et les maisons, qui représentent une fraction minime de l'État, pour les donner à de nouveaux habitants. Les lésés resteront dispersés et pauvres, ne pouvant causer aucun dommage ; les autres resteront tranquilles, car d'une part, ils n'ont pas été lésés, et d'autre part, ils craignent que la même chose ne leur arrive qu'aux spoliés. Je conclus donc que ces colonies, qui ne coûtent rien, sont plus fidèles et causent peu de préjudice ; et les lésés, étant pauvres et dispersés, comme cela a déjà été dit, ne peuvent pas déranger. Comme on peut le remarquer, il faut plaire ou tuer les hommes, car s'ils se vengent des petites offenses, ils ne peuvent pas se venger des graves : ainsi, l'offense faite à l'homme doit être telle qu'on ne craigne pas la vengeance. Cependant, si le prince maintient des forces armées plutôt que des colonies, il dépensera beaucoup plus, car il devra consacrer tout le revenu de l'État à cela, de sorte que le gain se transformera en perte, et l'offense sera grande, car elle touchera tout l'État, avec les changements et le cantonnement de l'armée ; tous ressentiront ces désagréments, et tous se convertiront en ennemis [du conquérant], et ces ennemis, vaincus chez eux, sont toujours dangereux. Ainsi, de toute façon, l'occupation armée est aussi inutile que la colonisation est utile.

Celui qui se trouve dans une province différente, comme mentionné précédemment, doit devenir le leader et le défenseur des voisins moins puissants et chercher à affaiblir les plus puissants, en veillant à ce qu'aucun étranger aussi fort que lui n'y pénètre par hasard. Cependant, il y aura toujours quelqu'un appelé par ceux qui se sentent insatisfaits, par excès d'ambition, ou par peur, comme cela a été vu autrefois lorsque les Étoliens ont appelé les Romains en Grèce ; et dans toutes les provinces qu'ils ont conquises, ils ont été établis par les habitants eux-mêmes.

L'ordre des choses est tel que dès qu'un étranger puissant entre dans une province, tous les faibles qui y résident se rallient à lui, animés par l'envie envers ceux qui les surpassent en pouvoir ; au point que pour ces moins puissants, l'étranger n'a aucun mal à les conquérir, car ils se rassemblent immédiatement, volontairement, formant un bloc avec l'État conquis. Il ne reste à l'envahisseur qu'à éviter qu'ils n'acquièrent trop de force et d'autorité, et il pourra facilement, avec ses propres forces et avec leur faveur, surpasser ceux qui ont du pouvoir, devenant ainsi le seul arbitre de la province.

Celui qui ne observe pas bien ces préceptes perdra rapidement ce qu'il a conquis ; et tant qu'il le conservera, il rencontrera de nombreuses difficultés et ennuis.

Les Romains, dans les provinces qu'ils ont conquises, ont bien observé ces préceptes : ils ont fondé des colonies, se sont occupés des moins puissants sans accroître leur pouvoir, ont affaibli les plus forts et n'ont pas laissé les étrangers puissants gagner en réputation. Je veux prendre comme exemple seulement la province de la Grèce. Les Romains ont flatté les Achéens et les Étoliens, affaibli le royaume des Macédoniens, expulsé Antiochus ; mais ni les Étoliens ni les Achéens, malgré leurs mérites, n'ont été autorisés à étendre leurs domaines ; même Philippe n'a pas pu les persuader d'être amis sans s'affaiblir ; même le pouvoir d'Antiochus n'a pas suffi pour leur permettre de maintenir un État dans cette province.

Car les Romains ont agi, dans ces cas, comme tous les princes sages devraient le faire : non seulement penser aux scandales présents, mais aussi aux futurs, et utiliser toute leur habileté pour les éviter ; car en se prévenant à temps, on peut facilement les remédier ; mais si l'on attend que le mal approche, le remède n'arrive pas à temps, car la maladie devient incurable.

C'est comme dans les cas de tuberculose ; les médecins disent : au début de la maladie, la guérison est facile et le diagnostic difficile ; mais avec le temps, si la maladie n'est ni connue ni traitée, elle sera facilement reconnaissable mais difficile à guérir. Il en va de même pour les affaires de l'État, car en prévoyant à temps les maux qui surviennent - don réservé aux sages seulement -, on peut les guérir rapidement ; mais lorsque, par manque de prévoyance, ils augmentent au point que tout le monde les connaît, il n'y a plus de remède.

Les Romains, anticipant les inconvénients, les remédiaient toujours ; mais ils ne laissaient jamais ces inconvénients se propager pour éviter une guerre, car ils savaient qu'on ne peut pas éviter la guerre, mais son report est bénéfique pour l'autre partie ; c'est pourquoi ils ont préféré combattre Philippe et Antiochus en Grèce, afin de ne pas les affronter en Italie, même s'ils auraient pu éviter la guerre contre l'un ou l'autre. Cependant, ils ne l'ont pas voulu. Jamais ils n'ont apprécié ce que les sages de notre époque propagent quotidiennement : "tirer profit du temps". Ils ont préféré s'appuyer sur leur propre vertu et prudence, car le temps emporte tout, et peut apporter autant le bien que le mal, autant le mal que le bien.

Mais revenons à la France et examinons si quelque chose de ce qui a été dit précédemment a été accompli. Je parlerai de Louis et non de Charles, car, ayant conservé pendant longtemps ses possessions en Italie, ses progrès se sont mieux manifestés : et vous verrez comment il a fait l'opposé de ce qu'il faut faire pour rester dans un État aux coutumes et langues étrangères. Le roi Louis entra en Italie à la suite de l'ambition des Vénitiens, qui voulaient, avec sa venue, prendre la moitié de l'État de Lombardie. Je ne prétends pas critiquer l'attitude du roi ; voulant mettre le pied en Italie, et n'ayant pas d'amis dans cette province, toutes les portes lui ayant été fermées en raison d'une action du roi Charles, Louis fut contraint de faire usage de toutes les alliances qu'il avait pu créer ; et s'il n'avait commis aucune erreur dans les autres manœuvres, cette entreprise aurait été couronnée de succès. Le roi, ayant conquis la Lombardie, acquit rapidement cette réputation que Charles lui avait volée : Gênes se rendit ; les Florentins devinrent ses amis ; le marquis de Mantoue, le duc de Ferrare, les Bentivoglio, la dame de Forlì, les seigneurs de Faenza, de Pesaro, de Rimini, de Camerino et Piombino, les Lucquois, les Pisans, les Siennois, tous se présentèrent à lui en tant qu'amis. Alors, les Vénitiens purent réaliser l'imprudence de leurs actes, car, pour conquérir deux terres en Lombardie, ils firent de ce roi le maître des deux tiers de l'Italie.

Considérez maintenant à quel point il aurait été facile au roi de conserver sa réputation en Italie s'il avait observé les règles précédemment décrites et maintenu sûrs et protégés tous ses amis, qui, étant en grand nombre, étaient faibles et craignaient, les uns l'Église, les autres les Vénitiens, et devaient rester aux côtés du roi, par l'intermédiaire desquels il aurait pu facilement se protéger contre tous, même les plus puissants. Cependant, à peine était-il arrivé à Milan qu'il faisait le contraire, en aidant le pape Alexandre à occuper la Romagne. Il ne se rendit pas compte qu'avec cette décision, il devenait faible, éloignant les amis et ceux qui s'étaient jetés dans ses bras, et renforçant l'Église, ajoutant à son pouvoir spirituel, qui lui conférait tant d'autorité, une force temporelle considérable. Et ayant commis la première erreur, il fut contraint de continuer, jusqu'à ce que, pour mettre fin à l'ambition d'Alexandre et éviter qu'il ne devienne le seigneur de la Toscane, il soit forcé de revenir en Italie.

Il ne suffit pas d'avoir agrandi l'Église et éloigné les amis ; voulant ensuite le royaume de Naples, il le partagea avec le roi d'Espagne, et là où Louis était auparavant l'arbitre de l'Italie, il plaça un compagnon pour que les ambitieux et mécontents de cette province aient quelqu'un à qui se tourner ; et, alors qu'il aurait pu laisser dans le royaume un souverain qui serait son vassal, il le retira pour y mettre quelqu'un qui pourrait l'expulser. C'est une chose très naturelle et courante de vouloir des conquêtes, et chaque fois que les hommes le peuvent, ils seront loués et non critiqués ; mais quand ils ne peuvent pas, et veulent le faire de toute façon, c'est là l'erreur et la critique. Si la France pouvait alors attaquer Naples avec ses forces, elle devait le faire ; si elle ne le pouvait pas, elle ne devait pas le diviser. Et si le partage de la Lombardie avec les Vénitiens méritait des excuses, car il lui permettait de prendre pied en Italie, le partage de Naples mérite des critiques, car sa nécessité n'est pas justifiée.

Ainsi, Louis avait commis ces erreurs : il avait éliminé les moins puissants, avait augmenté le prestige d'un pouvoir puissant en Italie, y avait placé un étranger très puissant, n'y avait pas établi de colonies ni n'y avait résidé. Ces erreurs n'auraient peut-être pas causé de tort tant que Louis vivait, mais il avait commis une sixième erreur, celle de prendre l'État aux Vénitiens ; car, s'il n'avait pas rendu l'Église si puissante et n'avait pas laissé l'Espagne entrer en Italie, il aurait été tout à fait raisonnable et nécessaire de les affaiblir ; mais, ayant pris ces premières mesures, il n'aurait jamais dû consentir à la ruine des Vénitiens. Car, étant puissants, ils auraient toujours tenu d'autres à distance d'une entreprise contre la Lombardie ; soit parce que les Vénitiens n'y auraient jamais consenti, à moins de devenir eux-mêmes les seigneurs, soit parce que les autres n'auraient pas voulu la prendre à la France pour la donner aux Vénitiens, et aller contre les deux ne serait pas sage.

Et si quelqu'un prétend que le roi Louis a cédé le Royaume de la Romagne à Alexandre et le Royaume de Naples à l'Espagne pour éviter une guerre, je réponds, avec les raisons exposées ci-dessus, qu'on ne doit jamais laisser une désordre se produire pour éviter une guerre, car on ne peut pas éviter la guerre, mais on la retarde à son propre désavantage. Et si d'autres évoquent la parole que le roi avait donnée au pape de réaliser cette conquête en échange de la cardinalité de Rouen et de la dissolution du mariage royal, je répondrai plus tard sur la manière dont il convient de respecter la parole des princes.

Ainsi, le roi Louis perdit la Lombardie, car il ne suivit aucun des préceptes respectés par d'autres conquérants de provinces qui voulaient s'y maintenir. Ce n'est pas un miracle, mais un fait courant et raisonnable. Sur ce sujet, j'en ai parlé à Nantes avec le cardinal de Rouen, lorsque le Valentinois, communément appelé César Borgia, fils du pape Alexandre, occupait la Romagne ; car, lorsque le cardinal de Rouen me disait que les Italiens ne comprenaient rien à la guerre, je lui répondais que les Français ne comprenaient rien à l'État ; car, s'ils le comprenaient, ils n'auraient pas permis à l'Église d'atteindre une telle grandeur en Italie, provoquant ainsi leur propre ruine. De cela, on peut tirer une règle générale, qui ne faillit jamais ou rarement : celui qui permet à l'autre de devenir puissant se ruine, car ce pouvoir provient de la ruse ou de la force ; et ces deux qualités sont suspectes pour celui qui devient puissant.

POURQUOI LE ROYAUME DE DARIUS, CONQUIS PAR ALEXANDRE, NE S'EST-IL PAS REBELLÉ CONTRE SES SUCCESSEURS APRÈS LA MORT D'ALEXANDRE

Cur Darii regnum quod Alexander occupaverat a successoribus suis post Alexandri mortem non defecit

Considérant les difficultés liées à la préservation d'un État récemment conquis, on pourrait s'émerveiller du fait qu'Alexandre le Grand soit devenu le maître de l'Asie en quelques années seulement, puis soit décédé sans achever l'occupation. Il serait raisonnable de s'attendre à ce que tout cet État se révolte. Alors, pourquoi les successeurs d'Alexandre ont-ils réussi à le maintenir en place sans rencontrer, pour conserver l'État, aucune difficulté autre que celle créée par leur propre ambition ? À cela, je réponds que tous les principautés dont nous avons connaissance ont été gouvernées de l'une de ces deux manières : soit par un prince et tous les serviteurs qui, par grâce ou permission de celui-ci, l'ont aidé en tant que ministres à gouverner le nouveau royaume ; soit par un prince et des barons qui, non par la grâce du seigneur, mais par l'ancienneté du sang, détiennent ce titre. Ces barons possèdent des États et des vassaux qui les reconnaissent comme seigneurs et ont pour eux un attachement naturel. En ce qui concerne les États gouvernés par un prince et ses serviteurs, le prince y exerce une autorité plus importante, car dans toute sa province, personne ne reconnaît comme souverain que lui-même ; et s'ils obéissent à un autre, c'est parce qu'il s'agit d'un ministre ou d'un officier, pour lesquels ils n'ont aucun attachement particulier.

Les exemples de ces deux types de gouvernement dans notre temps sont le Grand Turc et le roi de France. Toute la monarchie du Turc est dirigée par un seul seigneur ; les autres sont ses serviteurs ; et en divisant son royaume en sandjaks, où il envoie divers administrateurs qu'il change à sa guise. Mais le roi de France est entouré d'une multitude ancienne de seigneurs, reconnus par leurs sujets dans cet État et aimés par eux : ils ont des prééminences que le roi ne peut enlever sans risques. Ainsi, quiconque considère l'un ou l'autre de ces États trouvera des difficultés à pouvoir occuper le royaume du Turc, mais une fois conquis, il trouvera une grande facilité à le conserver.

Les raisons des difficultés à occuper le royaume du Turc résident dans l'impossibilité de compter sur l'appel des princes de ce royaume, ni d'espérer que l'entreprise d'occupation soit facilitée par la révolte de ceux proches du souverain ; ce qui découle des raisons mentionnées ci-dessus. Car, étant tous serviteurs et obligés, ils sont plus difficiles à corrompre, et même lorsqu'ils se corrompent, on ne peut attendre d'eux une grande aide, car ils ne peuvent entraîner les gens avec eux, pour les mêmes raisons évoquées.

Ainsi, celui qui attaque le royaume du Turc doit envisager de le trouver uni ; et il vaut mieux se fier à ses propres forces qu'aux désordres des autres. Mais, vaincu et détruit sur le terrain de manière à ne pouvoir reconstituer ses armées, il ne fait aucun doute que la seule chose à craindre soit la famille du prince ; une fois cette dernière exterminée, il n'y a plus personne à craindre, car personne n'aura plus d'autorité sur les peuples : et si le vainqueur, avant la victoire, ne pouvait rien attendre d'eux, après celle-ci, il n'aura rien à craindre d'eux.

Le contraire se produit dans les royaumes gouvernés comme celui de la France, car on peut y entrer facilement, en conquérant un baron du royaume ; car on trouve toujours un mécontent et d'autres qui souhaitent innover. Ceux-ci, pour les raisons expliquées, peuvent ouvrir la voie à l'entrée dans l'État et faciliter la victoire au conquérant, qui ensuite, pour la maintenir, rencontrera d'innombrables difficultés, tant avec ceux qui l'ont aidé qu'avec ceux qu'il a opprimés. Il ne suffit pas pour lui d'éteindre le sang du prince ; car il y aura toujours des seigneurs pour diriger de nouveaux changements ; et, ne pouvant ni les satisfaire ni les éteindre, il perdra cet État à la première occasion.

Maintenant, si l'on considère la nature du gouvernement de

Darius, on le trouvera similaire à celui du royaume du Grand Turc ; c'est pourquoi Alexandre a dû le confronter et le vaincre sur le champ de bataille ; après une telle victoire, Darius étant mort, cet État est resté sûr pour Alexandre, pour les raisons discutées ci-dessus. Et si ses successeurs restaient unis, ils pourraient jouir paisiblement de ce royaume ; aucun autre trouble ne naîtrait sauf ceux qu'ils susciteraient eux-mêmes. Mais en ce qui concerne les États organisés comme celui de la France, il est impossible de les conquérir avec autant de tranquillité. De là, sont nées les rébellions habituelles de l'Espagne, de la France et de la Grèce contre les Romains, en raison du grand nombre de principautés existant dans ces États ; et tant qu'ils sont restés dans la mémoire, les Romains ont toujours été incertains de leur possession ; mais, la mémoire de ceux-ci s'éteignant avec le pouvoir et la durée de l'Empire, [les Romains] en ont pris possession avec confiance.

Ils ont également pu, lorsqu'ils se sont battus plus tard entre eux, dominer une partie de ces provinces, selon l'autorité qu'ils y avaient conquise ; et, la lignée de l'ancien seigneur étant éteinte, les provinces n'ont reconnu d'autres seigneurs que les Romains. Ainsi, considérant toutes ces choses, personne ne s'étonnerait de la facilité qu'Alexandre a eue à conserver l'État d'Asie et des difficultés rencontrées par d'autres pour conserver d'autres conquêtes, comme Pyrrhus et beaucoup d'autres. Tout cela, cependant, ne naît pas toujours de la grande ou de la petite vertu du vainqueur, mais plutôt de la disparité du soumis.

DE QUELLE MANIÈRE FAUT-IL GOUVERNER LES VILLES OU PRINCIPAUTÉS QUI, AVANT D'ÊTRE OCCUPÉES, VIVAIENT SELON LEURS PROPRES LOIS

Quomodo administrandae sunt civitates vel principatus, qui, antequam occuparentur suis legibus vivebant

Quand les États conquis, comme cela a déjà été mentionné, sont habitués à vivre selon leurs propres lois et en liberté, pour les maintenir, il existe trois moyens : le premier, les ruiner ; le deuxième, y résider personnellement ; le troisième, les laisser vivre avec leurs propres lois, en exigeant d'eux une pension, après avoir établi en leur sein un État restreint qui demeure ami. Car, cet État étant créé par le prince, il sait qu'il ne peut y rester sans amitié et pouvoir, et il fera tout pour le conserver. Car il est plus facile de préserver une ville habituée à vivre libre, par le biais de ses citoyens, que de toute autre manière.

À titre d'exemple, il y a les Spartiates et les Romains. Les Spartiates ont pris Athènes et Thèbes en instaurant un gouvernement restreint ; cependant, ils les ont ensuite perdues. Les Romains, pour préserver Capoue, Carthage et Numance, les ont détruites et ne les ont pas perdues. Ils ont tenté de conserver la Grèce presque comme les Spartiates, en la laissant libre et gouvernée par ses propres lois, mais ils n'ont pas réussi : ils ont donc été contraints de détruire de nombreuses villes de cette province pour la préserver. Car, en vérité, il n'y a pas de moyen sûr de les conquérir, sinon par la ruine. Et celui qui devient seigneur d'une ville habituée à vivre libre et ne la détruit pas doit s'attendre à être détruit par elle ; car elle trouve toujours, dans la rébellion, le prétexte de la liberté et des anciennes coutumes, qui, ni par l'éloignement du temps ni par les bienfaits, ne s'oublient jamais. Et, peu importe ce que l'on fait ou prévoit, si les habitants ne se désagrègent pas ou ne se dispersent pas, ils n'oublient pas le nom de leur terre et leurs coutumes, y recourant chaque fois qu'il y a un incident. Cela s'est produit à Pise, cent ans après avoir été soumise par les Florentins.

Cependant, lorsque des villes ou des provinces sont assujetties à la domination d'un prince et que sa lignée s'éteint, les habitants, d'une part, habitués à obéir et, d'autre part, n'ayant plus le prince ancien, ne parviendront pas à un accord pour en choisir un autre et ne sauront pas vivre libres. En conséquence, ils prendront les armes très tardivement, et ainsi, plus facilement, un prince pourra les vaincre et s'emparer de leur province. Cependant, les républiques ont plus de vie, de haine, de désir de vengeance ; la mémoire de l'ancienne liberté ne les laisse pas se reposer ; c'est pourquoi le moyen le plus sûr est de les anéantir ou d'y résider personnellement.

DES NOUVELLES PRINCIPAUTÉS ACQUISES AVEC LEURS PROPRES ARMES ET VERTUS

De principatibus novis qui armis propriis et virtute acquiruntur

Nul ne s'étonnera si, en parlant des principautés entièrement nouvelles, que ce soit en ce qui concerne le prince et l'État, je présente des exemples aussi étendus; car les hommes marchent toujours sur des chemins ouverts par d'autres et agissent par imitation, ne pouvant pas emprunter entièrement les mêmes chemins ni atteindre la vertu de ceux qu'ils imitent. Le sage devra donc suivre toujours les chemins tracés par les grands hommes et imiter ceux qui ont été excellents, afin que, même s'ils n'atteignent pas leur vertu, ils en conservent du moins quelque trace. Ils agiront comme les archers judicieux, qui, trouvant la destination trop lointaine et connaissant la puissance de leurs arcs, visent très haut, non pas pour que leur flèche atteigne une telle hauteur, mais pour que, avec l'aide d'une visée si élevée, elle atteigne ce qu'ils visaient réellement.

Je dis donc que, en ce qui concerne les principautés entièrement nouvelles, où il y a un nouveau prince, il y aura plus ou moins de difficultés à les maintenir, selon la plus ou moins grande vertu de celui qui les acquiert. Et comme ce passage d'une position privée à celle de prince suppose soit de la vertu, soit de la chance, il semble que l'une et l'autre de ces deux choses atténuent en partie bien des difficultés. Ce n'est pas pour rien que celui qui s'est moins appuyé sur la fortune s'est mieux maintenu. La conquête est encore plus facile lorsque le prince, n'ayant pas d'autres États, se voit obligé d'habiter le nouveau lieu en personne.

Mais pour traiter de ceux qui, par leur propre vertu et non par la fortune, sont devenus princes, je dis que les plus excellents ont été Moïse, Cyrus, Romulus, Thésée et d'autres similaires. Et même si nous ne devons pas parler de Moïse, car il n'était qu'un exécuteur des ordres de Dieu, nous devons néanmoins l'admirer pour la grâce qui l'a rendu digne de parler à Dieu. Mais en considérant Cyrus et les autres qui ont conquis ou fondé des royaumes, tous sont admirables. Si l'on examine leurs actions et leurs institutions particulières, elles ne semblent pas différentes de celles de Moïse, qui avait un tel précepteur. Et en examinant leurs actions et leur vie, on ne voit pas qu'ils aient eu d'autre fortune que l'occasion, qui leur a fourni une matière où ils pouvaient introduire une forme appropriée. Sans cette occasion, la vertu de leur esprit se serait éteinte, et sans cette vertu, l'occasion aurait été vaine.

Il a cependant fallu que Moïse trouve le peuple d'Israël asservi et opprimé en Égypte pour que ce peuple, disposé à quitter la captivité, se dispose à le suivre. Il convenait que Romulus ne trouve pas d'espace à Alba et soit abandonné à la naissance, pour devenir ensuite roi de Rome et fondateur de cette patrie. Il fallait que Cyrus trouve les Perses mécontents de l'empire des Mèdes et que ceux-ci soient affaiblis et affadis par la paix prolongée. Thésée ne pouvait pas démontrer sa vertu s'il ne trouvait pas les Athéniens dispersés. Ces occasions ont donc rendu ces hommes heureux, et leur excellente vertu leur a révélé l'occasion propice pour que leur patrie s'enorgueillisse et devienne prospère.

Ceux qui, comme eux, sont devenus leaders par la vertu, acquièrent le principat avec difficulté, mais le maintiennent facilement. Les difficultés qu'ils rencontrent en acquérant le principat proviennent en partie de nouveaux ordres et modes qu'ils sont forcés d'introduire pour établir leurs États et assurer leur stabilité. Il faut considérer que rien n'est plus difficile à traiter, ni plus incertain à atteindre, ni plus risqué à diriger que d'établir de nouveaux ordres. Car celui qui les impose aura pour ennemis tous ceux qui tiraient profit de l'ancien ordre; et, comme défenseurs tièdes, tous ceux qui peuvent bénéficier du nouveau ordre, mais qui sont faibles car, d'une part, ils craignent les adversaires qui ont la loi de leur côté, et, d'autre part, les hommes ne prennent pas au sérieux les choses nouvelles tant qu'ils ne les voient pas comme une expérience concrète. On en déduit donc que les ennemis, chaque fois qu'ils auront l'occasion d'attaquer, le feront avec dévouement, tandis que les autres se défendront mollement, de sorte que, avec eux, tout sera en danger.

Il est donc nécessaire, en traitant de cette partie, d'examiner si ces novateurs dépendent de leurs propres forces, ou s'ils dépendent d'autres, c'est-à-dire s'ils dépendent de l'extorsion ou de l'usage de la force pour faire avancer leurs œuvres. Dans le premier cas, ils échouent toujours et n'accomplissent rien; mais quand ils dépendent d'eux-mêmes et peuvent utiliser la force, ils courent rarement de danger. C'est pourquoi tous les prophètes armés ont vaincu, tandis que les désarmés ont échoué. Car, en plus des choses mentionnées ci-dessus, la nature des peuples est variée, car il est facile de les persuader, difficile de les maintenir persuadés; il est donc nécessaire que, lorsqu'ils viennent à perdre leur persuasion, elle leur soit imposée par la force. Moïse, Cyrus, Thésée et Romulus n'auraient pas contraint l'observation de leurs constitutions aussi longtemps s'ils avaient été désarmés; quelque chose de similaire est arrivé à notre époque au frère Jérôme Savonarole, qui n'a pas pu maintenir le nouvel ordre établi lorsque la foule a cessé de croire en lui, car il n'a pas trouvé moyen de maintenir la constance de ceux qui avaient cru en lui, ni de rendre croyants les incrédules. C'est pourquoi, ayant beaucoup de difficultés à mener à bien leurs actions, ils ont rencontré les dangers du chemin et ont dépendu de la vertu pour les surmonter; une fois le danger surmonté, lorsqu'ils sont devenus vénérés et une fois éliminés ceux qui leur enviaient leur qualité, ils sont restés puissants, sûrs, honorés et heureux.

Je veux suggérer, à de si grands exemples, un autre de moindre valeur, bien que de la même espèce, et qui suffira pour tous les autres exemples similaires : Hiéron de Syracuse. Celui-ci, en privé, est devenu le leader de Syracuse ; lui aussi n'a connu de la fortune que l'occasion, car les Syracusains, assiégés, l'ont fait capitaine, et il s'est montré digne de devenir le chef. Et sa vertu était si grande, même avant d'être chef, qu'on écrivit de lui : "quod nihil illi deerat ad regnandum praeter regnum". Il a éteint l'ancienne milice et a ordonné la nouvelle ; il a laissé les anciennes amitiés et en a gagné d'autres ; et, avec des amitiés et des soldats propres, il a affermi les fondations de son édifice de telle manière que, bien qu'il lui ait coûté beaucoup de fatigue de l'ériger, il a eu peu de travail pour le maintenir.

SUR LES NOUVEAUX PRINCIPAUTÉS ACQUISES PAR LE BIAIS DES ARMES ET DE LA FORTUNE D'AUTRUI

De principatibus novis qui alienis armis et fortuna acquiruntur

Ceux qui passent de particuliers à princes, par la chance seule, y parviennent avec peu de difficulté, mais ils restent dans cette position avec beaucoup d'efforts ; ils ne rencontrent aucun obstacle sur leur chemin, car ils les surmontent rapidement ; cependant, toutes les difficultés surgissent lorsqu'ils atteignent leur destination. Ce sont des individus à qui un État est accordé soit par des moyens monétaires, soit par la générosité du donateur. Cela s'est produit à plusieurs reprises en Grèce, dans les villes d'Ionie et d'Hélespont, où ils étaient nommés leaders par Darius, pour accroître leur sécurité et leur prestige ; et de manière similaire, cela arrivait aux empereurs [de Rome], qui, partant de la condition de particuliers, accédaient à l'Empire grâce à la corruption des troupes.

Ces leaders ne sont soutenus que par la volonté et la chance de ceux qui les ont élevés à la grandeur, deux forces très volatiles et instables. Ils ne peuvent maintenir la dignité acquise, car, n'étant pas des personnes de grand intellect et de vertu, ayant toujours vécu en tant que particuliers, il n'est pas raisonnable de s'attendre à ce qu'ils possèdent des compétences en leadership. De plus, les États qui émergent soudainement, tout comme toutes les choses dans la nature qui grandissent rapidement, ne parviennent pas à établir des racines solides et des ramifications suffisantes pour résister à la première tempête, à moins que ceux qui sont devenus leaders soudainement, comme mentionné précédemment, n'apprennent rapidement à préserver la vertu que le sort a déposée entre leurs mains et ne sachent construire les fondations que d'autres ont établies avant de devenir dirigeants.

Je veux, de l'une et l'autre de ces manières mentionnées de devenir prince, par la vertu ou par la fortune, présenter deux exemples que nous conservons encore dans la mémoire : Francesco Sforza et César Borgia. Francesco, par les moyens appropriés et par une grande vertu, est devenu duc de Milan à partir de la position de particulier ; et ce qu'il avait difficilement conquis, il l'a maintenu avec peu d'efforts. D'autre part, César Borgia, appelé le duc de Valentinois par le peuple, a acquis l'État grâce à la bonne fortune de son père ; et avec la perte de celui-ci, il a perdu celui-là, bien qu'il ait utilisé toute son ingéniosité et fait tout ce qu'un homme prudent et vertueux pourrait faire pour enraciner les États que les armes et la fortune des autres lui avaient accordés. Car, comme il a été dit précédemment, celui qui ne prépare pas les fondations à l'avance peut les préparer avec une grande vertu par la suite, bien que cela demande beaucoup d'efforts de l'architecte et représente un danger pour le bâtiment.

Si nous examinons tous les progrès du duc, nous verrons les fondations profondes qu'il a construites pour son futur pouvoir ; je ne considère pas superflu d'en discuter, car je ne connais pas de meilleurs préceptes pour un nouveau prince que l'exemple des actions de ce duc. Mais si les moyens qu'il a utilisés ne lui ont pas été appropriés, ce n'est pas de sa faute, car il est né d'une malignité extraordinaire et extrême du destin.

Alexandre VI, lorsqu'il souhaitait agrandir son fils le duc, faisait face à de nombreuses difficultés présentes et futures. Tout d'abord, il ne voyait pas comment faire de son fils le seigneur d'aucun État autre que celui de l'Église ; et il savait que s'il essayait de s'emparer de ce qui appartenait à l'Église, le duc de Milan et les Vénitiens ne le lui permettraient pas, car Faenza et Rimini étaient depuis longtemps sous la protection des Vénitiens. De plus, il voyait les armes de l'Italie, surtout celles qu'il pourrait utiliser, entre les mains de ceux qui devaient craindre la grandeur du pape ; il ne pouvait pas leur faire confiance car elles étaient toutes entre les mains des Orsini, des Colonna et de leurs complices. Il était donc nécessaire de perturber cet ordre et de désordonner ces États afin de s'en emparer en toute sécurité. Ce qui lui fut facile, car les Vénitiens, motivés par d'autres raisons, avaient rappelé les Français en Italie : ce à quoi le pape ne s'opposa pas, facilitant même les choses en rompant l'ancien mariage du roi Louis.

Le roi passa ensuite en Italie avec l'aide des Vénitiens et le consentement d'Alexandre ; dès leur arrivée à Milan, le pape lui obtient de nouveaux hommes pour l'entreprise de la Romagne, concédée au roi pour accroître sa réputation. Le duc, ayant conquis la Romagne et vaincu les Colonna, désireux de maintenir la conquête et de progresser, se heurte à deux obstacles : d'une part, ses armées ne lui semblent pas loyales ; d'autre part, la volonté de la France, c'est-à-dire que le roi lui retire le soutien de l'armée des Orsini, dont il avait bénéficié auparavant, non seulement l'empêche de nouvelles conquêtes, mais lui enlève également celles qu'il avait déjà réalisées ; le roi faisant de même.

Il confirma la méfiance envers les Orsini lorsqu'après la prise de Faenza, attaquant Bologne, le duc vit avec quelle froideur ils se lancèrent à l'attaque ; et de la même manière, il comprit l'attitude du roi lorsque, après la prise du duché d'Urbino, lors de l'assaut en Toscane, le roi le dissuada de la capture. Par conséquent, le duc décida de ne plus dépendre des armes et de la fortune d'autrui. La première chose qu'il fit fut d'affaiblir le parti des Orsini et des Colonna à Rome ; il attira tous leurs gentilshommes en les faisant siens, leur offrant des rémunérations élevées et des honneurs correspondant à leurs qualités, de sorte qu'en quelques mois, leur affection pour leurs anciens seigneurs s'éteignit et se tourna toute entière vers le duc.

Ensuite, il attendit l'occasion d'anéantir les chefs des Orsini, ayant déjà dispersé ceux de la maison Colonna ; l'occasion était propice, et il l'utilisa au mieux ; car, voyant tardivement que la grandeur du duc et de l'Église signifiait leur ruine, les Orsini organisèrent un congrès à Magione, à Pérouse. De ce congrès naquirent la révolte d'Urbino, les troubles en Romagne et d'innombrables dangers pour le duc, qu'il surmonta tous avec l'aide des Français. Ayant récupéré sa réputation, ne faisant pas confiance à la France ni à d'autres forces étrangères pour éviter de les affronter, il se tourna vers la ruse ; il dissimula si bien son esprit que les Orsini eux-mêmes, par l'intermédiaire de monsieur Paul, dont l'amitié le duc fit tout pour assurer en lui donnant de l'argent, des vêtements et des chevaux, se réconcilièrent avec lui ; au point que leur bêtise les conduisit à Sinigália, entre les mains du duc.

Ainsi, les chefs éliminés et les anciens partisans conquis comme amis, le duc avait solidement établi les fondations de son pouvoir : il possédait toute la Romagne, avec le duché d'Urbino, semblant surtout avoir conquis l'amitié de la Romagne et de tous ces peuples qui commençaient à expérimenter le bien qu'ils avaient reçu de lui. Et parce que cette partie mérite d'être notée et imitée par d'autres, je ne veux pas la laisser de côté. Après avoir pris la Romagne, le duc la trouva dominée par des seigneurs impuissants qui avaient dépouillé leurs sujets avec plus d'avidité qu'ils ne les avaient gouvernés, promouvant la désunion parmi eux au lieu de l'union ; de sorte que cette province était pleine de vols, de querelles et de toutes sortes de délits. C'est pourquoi le duc estima nécessaire, pour la rendre pacifique et soumise au bras royal, de leur donner une bonne gouvernance. Pour cela, il proposa monsieur Ramiro de Orco, homme cruel et efficace, à qui il donna des pouvoirs absolus. En peu de temps, celui-ci la rendit paisible et unie, avec une grande réputation. Ensuite, le duc estima qu'une autorité aussi excessive n'était pas nécessaire, car elle pourrait devenir odieuse, et il proposa un tribunal civil au centre de la province, présidé par un juge, où chaque ville avait son avocat. Et, sachant que les rigueurs passées avaient engendré une certaine animosité, pour purger les esprits de ces peuples et les conquérir totalement, il voulut montrer que, s'il y avait eu de la cruauté, elle ne provenait pas de lui, mais de la nature acerbe du ministre. Profitant de l'occasion, un certain matin à Cesena, il le fit couper en deux sur la place, avec un billot et un couteau ensanglanté à côté. La férocité du spectacle laissa le peuple à la fois satisfait et stupéfait.

Revenons maintenant d'où nous sommes partis. Je dis que le duc, se trouvant très puissant et en partie protégé contre les dangers actuels, car il s'était armé à sa manière et avait en grande partie annihilé les armes qui, voisines, auraient pu le gêner, lui restait à obtenir le respect du roi de France ; car il savait que le roi, se rendant tardivement compte de l'erreur qu'il avait commise, ne l'accepterait pas. Il commença donc à chercher de nouvelles amitiés et à se brouiller avec la France lors de l'incursion des Français dans le royaume de Naples contre les Espagnols assiégeant Gaète. Son intention était de se prémunir contre eux, ce qu'il aurait bientôt obtenu si Alexandre avait survécu. Et telles furent ses actions en ce qui concerne les événements présents.

Quant à l'avenir, il craignait d'abord qu'un nouveau successeur de l'Église ne lui soit pas favorable et cherche à lui ôter ce qu'Alexandre lui avait donné. Il chercha à se prémunir contre cela de quatre manières : d'abord, éteindre la lignée de tous ces seigneurs qu'il avait dépouillés, pour priver le pape du désir de les restaurer ; deuxièmement, conquérir tous les gentilshommes de Rome, comme cela a été dit, afin de pouvoir, avec leur aide, freiner les desseins du pape ; troisièmement, attirer le Collège à lui autant que possible ; quatrièmement, acquérir autant de pouvoir avant la mort du pape, qu'il puisse résister par lui-même à une première impulsion. De ces quatre choses, jusqu'à la mort d'Alexandre, il en avait réalisé trois ; la quatrième n'était pas achevée. Des seigneurs dépouillés, il en avait tué autant qu'il avait pu rassembler, et très peu avaient survécu ; les gentilshommes romains étaient déjà conquis ; et au Collège, il avait une grande influence ; quant aux nouvelles acquisitions, il avait souhaité devenir maître de la Toscane, possédant déjà Pérouse et Piombino, et il avait pris sous sa protection Pise. Et, n'ayant plus à craindre la France (et il n'aurait plus à craindre, car les Français avaient été dépouillés du royaume de Naples par les Espagnols, de sorte que les deux parties avaient besoin de lui pour acheter leur amitié), il se lancerait sur Pise. Ensuite, Lucques et Sienne céderaient rapidement, en partie par jalousie envers les Florentins, en partie par peur. Pour les Florentins, il n'y avait rien à faire. S'il avait réussi (ce qu'il aurait pu réaliser l'année même où Alexandre était mort), il aurait rassemblé autant de forces et de réputation qu'il aurait pu se maintenir par lui-même ; n'ayant plus à dépendre du hasard et des forces étrangères, mais de son propre pouvoir et de sa propre vertu.

Mais Alexandre mourut cinq ans après que le fils eut commencé à dégainer l'épée. Il ne le laissa qu'avec l'État de la Romagne consolidé, et tous les autres en l'air, entre deux puissants armées ennemies, et mourant. Mais le duc avait une telle audace et vertu, et savait si bien comment conquérir et détruire les hommes, et les fondations qu'il avait construites en si peu de temps étaient si solides, que, si ce n'était pour ces deux armées, ou s'il n'était pas malade, il se serait maintenu sans aucune difficulté.

Que ses fondations étaient solides, le prouva le fait que la Romagne l'attendit plus d'un mois ; à Rome, bien que à moitié mort, il était en sécurité ; et malgré les Ballionis, Vitellis et Orsini qui étaient venus à Rome, ils ne pouvaient rien contre lui ; s'il ne pouvait faire pape qui il voulait, il avait au moins réussi à éviter que ce ne soit pas celui qu'il ne voulait pas. Mais s'il avait été en bonne santé à la mort d'Alexandre, tout aurait été facile pour lui. Il m'a dit, le jour où Jules II a été élu, qu'il avait réfléchi à ce qui pourrait arriver après la mort de son père. Il avait trouvé des remèdes pour tout. Mais il n'avait jamais pensé qu'au jour de la mort de son père, il pourrait lui-même être sur le point de mourir.

Ayant alors rassemblé toutes les actions du duc, je ne peux pas le blâmer ; au contraire, il me semble que ses actions doivent être imitées par quiconque, par la fortune et avec les armes des autres, a atteint le pouvoir. Parce que lui, ayant un esprit si grand et des intentions si élevées, ne pouvait pas se conduire autrement ; et seules la brièveté de la vie d'Alexandre et sa maladie s'opposaient à ses projets. Ainsi, quiconque juge nécessaire, dans son nouveau principat, de se prémunir contre les ennemis, de conquérir des amis, de vaincre par la force ou par la perfidie, de se faire aimer et craindre par les peuples, d'être suivi et respecté par les soldats, d'exterminer ceux qui peuvent ou doivent l'offenser, d'innover avec de nouveaux règlements les institutions archaïques, d'être sévère et reconnaissant, magnanime et libéral, d'éteindre la milice infidèle et d'en créer une nouvelle, de maintenir l'amitié des rois et des princes, de telle manière qu'ils le bénéficient sans intérêt ou l'affrontent avec respect, ne peut trouver d'exemples plus récents que les actions de cet homme.

Nous ne pouvons le critiquer que pour sa conduite dans le choix de Jules comme pontife, qui était erroné ; car, comme cela a été dit, s'il ne pouvait pas faire un pape à sa manière, il aurait dû au moins réussir à ce que ne soit pas pape celui qu'il ne voulait pas ; et il n'aurait jamais dû permettre qu'aucun des cardinaux qu'il avait offensés accède au pontificat, ou qu'une fois élu pape, il le craigne. Parce que les hommes offensent soit par peur, soit par haine. Ceux qu'il avait offensés étaient, entre autres, Saint Pierre Advincula, Colonna, Saint Georges et Ascanio ; tous les autres, devenus papes, avaient de quoi le craindre, sauf le cardinal de Rouen et les Espagnols ; ceux-ci par parenté et obligations ; celui-là par le pouvoir, ayant à ses côtés le royaume de France. Par conséquent, le duc aurait dû, devant cela, faire du cardinal un pape espagnol, et, ne pouvant pas, aurait dû consentir à ce que ce soit le cardinal de Rouen et non Saint Pierre Advincula. Celui qui croit que les bienfaits récents font oublier les injures anciennes se trompe. Ainsi, le duc a erré dans ce choix ; et cette erreur a été la cause de sa dernière chute.

DE CEUX QUI, PAR LE BIAIS DE CRIMES, ONT ACCÉDÉ AU PRINCIPAT

De his qui per scelera ad principatum pervenere

Mais, parce qu'il existe encore deux manières de passer du privé au prince, qui ne peuvent être attribuées entièrement à la fortune ou à la vertu, je ne dois pas les laisser de côté, bien que l'on puisse en parler plus en détail en ce qui concerne les républiques. Ces deux manières sont les suivantes : lorsqu'on parvient au principat par un moyen rapide ou néfaste, ou lorsqu'un citoyen privé devient prince de sa patrie grâce à la faveur d'autres citoyens. En parlant du premier mode, deux exemples seront présentés, l'un ancien et l'autre moderne, sans entrer cependant dans le mérite de cette partie, car je pense qu'il suffira à ceux qui en ont besoin de les imiter.

Agathocle de Sicile, homme non seulement de condition privée, mais aussi d'une condition basse et méprisable, s'est fait roi de Syracuse. Fils d'un potier, il a toujours mené une vie rapide à toutes les étapes de sa vie, mais il a exercé toutes ses perfidies avec une telle vertu d'esprit et de corps que, dans l'armée, il a gravi tous les échelons, devenant préteur de Syracuse. À ce poste, il a décidé de devenir prince et de maintenir, par la violence et sans obligation envers personne, ce qui lui avait été accordé par accord ; pour ce faire, il s'est entendu avec Amilcar, le Carthaginois, qui, avec ses armées, combattait en Sicile ; et il a réuni, un matin, le peuple et le Sénat de Syracuse comme s'ils devaient délibérer sur des questions relatives à la République. Et, avec un signal convenu, il a fait tuer tous les sénateurs et les plus riches du peuple par ses soldats ; une fois ceux-ci morts, il a occupé et conservé le principat de cette ville sans aucune contestation civile. Et même s'il avait été vaincu deux fois et, finalement, assiégé, il a non seulement pu défendre sa ville, mais aussi, laissant une partie de ses gens assiégés, il a attaqué l'Afrique ; en peu de temps, il a libéré Syracuse du siège et a réduit les Carthaginois à un tel état de détresse qu'ils ont été contraints de conclure un accord avec lui et de se contenter de la possession de l'Afrique, laissant à Agathocle la Sicile.

Celui qui considère donc ces actions et cette existence ne trouvera rien, ou très peu de chose, qui puisse être attribué à la fortune ; car, comme mentionné précédemment, ce n'est pas par la faveur de quiconque, mais par son ascension dans l'armée, obtenue au prix de mille sacrifices et dangers, qu'il a atteint le principat ; et ensuite, avec diverses décisions audacieuses et risquées, il l'a maintenu. On ne peut pas dire non plus que tuer ses propres concitoyens, trahir ses amis, manquer de foi, de pitié, ou de religion soit une vertu ; de cette manière, on peut conquérir un empire, mais on ne peut pas atteindre la gloire. Parce que, si l'on considère la vertu d'Agathocle à entrer et sortir des dangers, et sa grandeur d'âme à supporter et surmonter les adversités, on ne verra pas pourquoi il serait jugé inférieur à tout autre excellent capitaine. Cependant, en raison de sa cruauté féroce et de son inhumanité, et de ses nombreuses perfidies, on ne peut pas le célébrer parmi les hommes les plus illustres. On ne peut donc pas attribuer à la fortune ou à la vertu ce qui a été accompli par lui sans l'une ni l'autre.

À notre époque, sous le règne d'Alexandre VI, Liverotto de Fermo, devenu orphelin très jeune, a été élevé par l'oncle maternel, Jean Fogliani, et, au début de sa jeunesse, confié à Paulo Vitelli, afin de se perfectionner et d'atteindre un excellent poste dans l'armée. Après la mort de Paulo, Liverotto s'est mis au service de Vitellozzo, frère de Paulo ; et, en très peu de temps, en raison de son ingéniosité et de son esprit vif, il est devenu le premier homme de l'armée. Mais, estimant que c'était une chose servile de suivre les ordres d'un autre, et avec l'aide de certains citoyens de Fermo, pour qui la servitude était plus chère que la liberté de leur patrie, et avec la faveur de Vitellozzo, il a envisagé de prendre possession de Fermo. Il a alors écrit à Jean Fogliani en lui disant qu'ayant passé de nombreuses années loin de chez lui, il voulait le voir, ainsi que sa ville, et avoir une idée générale de son patrimoine ; et comme il n'avait travaillé que pour conquérir l'honneur et pour que ses concitoyens voient qu'il n'avait pas perdu son temps en vain, il voulait arriver honoré et accompagné de cent amis et serviteurs à cheval ; il a également demandé à son oncle d'ordonner aux citoyens de Fermo de le recevoir avec honneur ; car cela lui donnait non seulement de l'honneur, mais aussi à l'oncle, qui l'avait éduqué.

L'oncle n'a pas manqué de répondre aux demandes de son neveu ; et, ayant été accueilli par les gens de Fermo avec toutes les honneurs, il s'est logé chez eux, où, après avoir reposé quelques jours, il a organisé en secret ce qui était nécessaire pour sa future perfidie. Il a organisé un banquet solennel auquel il a invité Jean Fogliani et tous les hommes importants de Fermo. Une fois le banquet et toutes les distractions qui agrémentent ces événements terminés, Liverotto, malicieusement, a commencé à discuter de certaines questions importantes, parlant de la grandeur du pape Alexandre et de son fils César, et des entreprises réalisées par eux. Jean et les autres ont répondu à ses réflexions, et lui, soudain, s'est levé et a déclaré que ces sujets devaient être discutés en un lieu plus discret. Il s'est retiré dans une pièce ; Jean et les citoyens l'ont suivi. À peine assis, des soldats sont sortis de divers endroits cachés et ont tué Jean et tous les autres. Après cet homicide, Liverotto est monté à cheval, a parcouru toute la ville et a assiégé le palais du magistrat suprême de telle manière que, par peur, ils ont été obligés de lui obéir et de former un gouvernement, dont il est devenu le prince.

Après avoir fait tuer tous les mécontents qui auraient pu lui nuire, il s'est renforcé avec de nouvelles lois civiles et militaires, de telle sorte que, pendant l'année où il a gouverné, il s'est établi en toute sécurité dans la ville de Fermo et est devenu craint par tous les voisins. Il aurait été difficile de l'anéantir, comme cela avait été le cas avec Agathocle, s'il ne s'était pas laissé tromper par César Borgia, quand celui-ci, comme cela a été dit, a attiré les Orsini et les Vitelli à Sinigalia. C'est là que, un an après avoir commis le parricide, il est mort étranglé avec Vitellozzo, maître de ses vertus et perfidies.

Quelqu'un pourrait se demander comment Agathocle et certains de ses semblables, après tant de trahisons et de cruautés, ont pu vivre en sécurité pendant longtemps dans leur patrie et se défendre contre les ennemis externes, sans que les citoyens complotent contre eux ; tandis que tant d'autres, par la cruauté, n'ont pas réussi, même en temps de paix, à maintenir l'État, ni dans les temps douteux de la guerre. Je crois que cela résulte de la bonne ou mauvaise utilisation de la cruauté. Bien utilisées, on peut les appeler - si l'on peut parler bien du mal - celles qui sont faites en une seule fois, par nécessité de sécurité, et qu'on abandonne ensuite, les transformant autant que possible en bénéfice pour les sujets ; mal utilisées, ce sont celles qui, bien que peu nombreuses au départ, croissent avec le temps au lieu de diminuer. Ceux qui observent le premier mode peuvent, avec l'aide de Dieu et des hommes, trouver quelque remède à leur état, comme cela s'est passé avec Agathocle ; quant aux autres, il est impossible qu'ils se maintiennent.

Il convient de noter ici que, lors de la prise d'un État, l'envahisseur doit réfléchir à toutes les offenses qu'il est nécessaire de commettre ; et de les faire toutes en une fois, pour ne pas avoir à les renouveler chaque jour, et ainsi, ne les innovant pas, il peut tranquilliser les hommes et les conquérir par des bienfaits ; celui qui agit autrement, soit par timidité, soit par mauvaise gestion, doit toujours avoir le couteau à la main ; il ne pourra jamais avoir confiance en ses sujets, car ceux-ci, en raison des injures constantes qu'ils subissent, ne peuvent pas lui faire confiance. Les injures doivent être faites toutes en une fois, car, étant supportées pendant moins de temps, elles sont moins amères ; les bienfaits doivent être faits peu à peu, pour être mieux appréciés. Un prince doit avant tout vivre avec ses sujets de telle manière qu'aucun accident, mal ou bien, ne le fasse vaciller. Car, lorsque les besoins surviennent en temps adverses, il n'aura pas le temps de faire le mal ; et le bien qu'il fera ne lui sera pas bénéfique, car on le jugera contraint, et on ne lui en sera pas reconnaissant.

DU PRINCIPAT CIVIL

De principatu civili

Mais revenons à l'autre aspect, quand un citoyen privé, non par perfidie ou une autre violence intolérable, mais par la faveur des autres citoyens, devient prince de sa patrie - ce que l'on peut appeler une principauté civile ; pour son acquisition, ni grande vertu ni grande fortune ne concourent, mais plutôt une ruse chanceuse. Ce prince est obtenu par la faveur du peuple ou des grands, car dans toutes les villes, on trouve ces deux humeurs distinctes qui naissent du désir des gens de ne pas être commandés et opprimés par les grands, et du désir des grands de commander et opprimer le peuple. De ces deux appétits différents, naissent dans les villes l'une de ces trois conséquences : la principauté, la liberté ou la licence. La principauté émane soit du peuple, soit des grands, selon que l'occasion se présente à l'une ou l'autre de ces parties ; car les grands, voyant qu'ils ne peuvent résister au peuple, reviennent vers l'un d'eux avec une bonne réputation, et en font un prince pour assouvir leurs propres appétits à l'ombre de celui-ci. De son côté, le peuple, voyant qu'il ne peut résister aux grands, dirige quelqu'un avec une bonne réputation et en fait un prince pour être défendu avec l'autorité de ce prince.

Celui qui parvient à la principauté avec l'aide des grands se maintient avec plus de difficulté que celui qui arrive avec l'aide du peuple ; car il se voit prince au milieu de nombreux semblables et ne peut donc ni les commander ni les manipuler à sa manière. Mais celui qui atteint la principauté avec la faveur populaire se retrouve seul, et il n'y a personne, ou très peu, autour de lui qui ne soit prêt à lui obéir. De plus, on n'obtient pas, avec honnêteté et sans nuire aux autres, la satisfaction des grands, mais celle du peuple, dont le désir est plus honnête que celui des grands, car ces derniers cherchent l'oppression, tandis que le peuple ne cherche qu'à ne pas être opprimé. De plus, un prince ne pourra jamais se sécuriser avec le peuple ennemi, car ils sont nombreux ; mais avec les grands, il le pourra, car ils sont peu nombreux. Le pire qu'un prince puisse attendre du peuple ennemi est d'être abandonné par lui ; mais des grands ennemis, il doit non seulement craindre l'abandon, mais aussi qu'ils le combattent, car ayant plus d'astuce et étant plus rusés, ils ont toujours le temps de se protéger, cherchant refuge auprès de celui qu'ils espèrent voir vainqueur. Le prince est également obligé de vivre toujours avec ce même peuple ; mais il peut très bien se passer des grands, pouvant les faire et les défaire tous les jours, créant et enlevant leur réputation selon son bon plaisir.

Et pour clarifier cette partie, je dis que les grands peuvent être examinés principalement de deux manières : soit ils se comportent de manière à les soumettre entièrement à la fortune du prince, soit ils se comportent autrement. Ceux qui se soumettent et ne sont pas avides doivent être honorés et aimés ; ceux qui ne se soumettent pas doivent être examinés de deux manières : soit ils le font par pusillanimité, soit par défaut naturel d'esprit ; dans ce cas, le prince doit les utiliser, surtout comme bons conseillers, car dans la prospérité, ils l'exaltent et dans l'adversité, il n'a pas à les craindre. Mais quand ils ne s'obligent pas, par ruse ou par ambition, c'est signe qu'ils pensent plus à eux qu'au prince ; et le prince doit se protéger de ceux-là, les craignant comme s'ils étaient des ennemis déclarés, car toujours, dans l'adversité, ils aideront à le ruiner. Ainsi, celui qui devient prince par la faveur du peuple doit rester ami avec lui ; ce qui lui sera facile, car le peuple ne veut que ne pas être opprimé. Mais celui qui, contre le peuple, devient prince avec la faveur des grands, doit d'abord chercher à conquérir le peuple ; ce qui lui sera facile s'il le prend sous sa protection. Et comme les hommes, lorsqu'ils reçoivent le bien de ceux dont ils attendaient le mal, sont plus reconnaissants envers leurs bienfaiteurs, le peuple sera plus bienveillant envers le prince que s'il était arrivé au pouvoir par les faveurs du peuple ; et le prince pourra le conquérir de nombreuses manières, mais comme elles varient selon les circonstances et n'ont donc pas de règle fixe, je n'en parlerai pas. Je conclus seulement qu'il est nécessaire pour un prince d'avoir l'amitié du peuple ; sinon, dans l'adversité, il n'y aura pas de remède. Nabis, prince des Spartiates, a supporté le siège de toute la Grèce et d'une armée romaine victorieuse, défendant sa patrie et son État contre eux ; et il lui a suffi, en cas de danger, de s'assurer contre quelques-uns ; s'il avait eu le peuple ennemi, cela ne lui aurait pas suffi.

Et ne venez pas réfuter cette opinion avec ce proverbe banal : celui qui s'appuie sur le peuple s'enlise ; car cela est vrai, lorsque qu'un citoyen privé fait de cette idée sa base, et finit par croire que le peuple le libère lorsqu'il est opprimé par les ennemis ou les magistrats. Dans ce cas, il pourrait souvent se tromper, comme les Gracques à Rome et le seigneur Jorge Scali à Florence. Mais si le prince qui s'appuie sur le peuple a la capacité de commander, est un homme courageux qui ne craint pas l'adversité, et qu'il ne manque pas d'assurance, avec sa disposition d'esprit et les ordres qu'il donne, il maintiendra le moral de tous et ne sera jamais trahi par le peuple ; ainsi, il semblera avoir construit sur des bases solides.

Ces principautés ont généralement des dangers lorsqu'elles passent d'un gouvernement civil à un gouvernement absolu, car ces dirigeants commandent soit par eux-mêmes, soit par l'intermédiaire de magistrats ; dans ce cas, leur situation est plus fragile et risquée, car ils dépendent entièrement de la volonté des citoyens placés aux postes de magistrature, qui, surtout en temps difficiles, peuvent les nuire très facilement, se retournant contre eux ou refusant de leur obéir. Et le prince ne sera pas prêt, face aux dangers, à assumer une autorité absolue ; car les citoyens et les sujets, qui ont l'habitude de recevoir des ordres des magistrats, ne sont pas enclins, en temps de crise, à obéir à ses ordres ; et il aura toujours, en périodes d'incertitude, peu de personnes sur lesquelles il pourra compter.

Parce qu'un tel prince ne doit pas se fonder sur ce qu'il voit en temps calmes, lorsque les citoyens ont besoin de l'État ; car alors, tous se précipitent, tous promettent, et chacun veut mourir pour lui, tandis que la mort est loin ; mais en temps difficiles, lorsque l'État a besoin des citoyens, il y en a peu. Et cette expérience est d'autant plus dangereuse qu'elle ne peut être réalisée qu'une seule fois. C'est pourquoi un leader sage doit penser à un moyen pour lequel les citoyens, toujours et en toutes circonstances, aient besoin de l'État et de lui ; et ensuite, ils lui seront toujours fidèles.

DE QUELLE MANIÈRE LES FORCES DE TOUS LES PRINCIPAUTÉS DOIVENT-ELLES ÊTRE ÉVALUÉES

Quomodo omnium principatuum
vires perpendi debeant

Convient de garder à l'esprit, lors de l'examen des qualités de ces principautés, une autre considération, à savoir si un prince a un État assez fort pour pouvoir, en cas de besoin, se gouverner lui-même, ou s'il a toujours besoin d'être défendu par d'autres. Et, pour éclaircir davantage cette partie, je dis comment je juge ceux qui peuvent se gouverner seuls et qui peuvent, soit par l'abondance d'hommes ou d'argent, rassembler une armée juste, et entreprendre une campagne contre quiconque les attaque ; et je juge aussi ceux qui ont toujours besoin d'autrui, qui ne peuvent pas se présenter en campagne contre l'ennemi, mais doivent se réfugier derrière leurs propres murs et les protéger.

Sur le premier cas, nous en avons déjà discuté ; nous y reviendrons lorsque cela sera nécessaire. Sur le deuxième cas, on ne peut rien dire de plus, mais exhorter les princes à fortifier et approvisionner leurs villes, sans trop se préoccuper du territoire. Et celui qui a bien fortifié sa terre, et s'est comporté envers ses sujets comme nous l'avons dit précédemment et le répéterons, ne sera attaqué que avec grande prudence ; car les hommes sont réticents à entreprendre des entreprises difficiles et ne peuvent trouver facilité à attaquer celui qui a une ville fortifiée et qui n'est pas détesté par le peuple.

Les villes de la Magna [Germanie] sont très libres, possèdent peu de terres et obéissent à l'empereur quand elles le veulent, et ne craignent ni lui ni un autre puissant voisin ; car elles sont si bien fortifiées que tous pensent qu'il est coûteux et difficile de les assiéger. Car toutes sont pourvues de remparts et de fossés ; elles ont des armes de taille suffisante ; elles ont toujours dans leurs caves des provisions de boisson, de nourriture et de combustibles pour une année ; et, en outre, pour maintenir le peuple bien nourri, et sans perte du bien public, elles ont toujours de quoi lui fournir du travail pendant une année dans ces activités cruciales et vitales pour la ville et dans les industries qui soutiennent le peuple ; elles tiennent également les exercices militaires en haute estime, et ont de nombreuses règles pour les maintenir.

Un prince, donc, qui a une ville forte et ne se fait pas détester, ne pourra pas être attaqué ; mais s'il l'était, celui qui l'attaquerait partirait honteux ; car les choses du monde sont si variées qu'il est presque impossible que quelqu'un puisse rester inactif pendant un an à l'assiéger avec des armées. Et à celui qui répliquerait que le peuple qui a ses possessions hors des murs ne supportera pas de les voir brûler, et que le siège prolongé et l'intérêt personnel feront qu'ils cesseront d'aimer le prince, je réponds qu'une principauté prudente et courageuse surmonte toujours toutes ces difficultés ; soit en donnant aux sujets l'espoir que le mal ne durera pas, soit en les faisant craindre la cruauté de l'ennemi, soit en se protégeant habilement contre ceux qui semblent trop audacieux.

De plus, l'ennemi doit logiquement brûler et détruire le territoire au début, lorsque l'esprit des hommes est encore enflammé et prêt à la défense ; donc, avec moins de raison, le prince doit craindre, car, après quelques jours, lorsque les esprits seront refroidis, le mal sera consommé et accepté, et il n'y aura pas de remède. Et alors les hommes seront encore plus unis à leur prince, car pour le défendre, ils auront vu leurs maisons brûlées, croyant que le prince leur en est redevable. Et la nature des hommes est telle qu'ils se sentent obligés autant par les bienfaits qu'ils font que par ceux qu'ils reçoivent. Par conséquent, en considérant bien toutes ces choses, il ne sera pas difficile pour un prince prudent de maintenir fermement, avant et après, le moral de ses citoyens pendant le siège, s'il n'y a pas de pénurie de nourriture et de munitions.

DES PRINCIPAUTÉS ECCLÉSIASTIQUES

De principatibus ecclesiasticis

Il nous reste maintenant à traiter uniquement des principautés ecclésiastiques, dont les difficultés sont toutes antérieures à leur acquisition ; car, pour les conquérir, la vertu ou la fortune intervient, mais ni l'une ni l'autre ne contribuent à leur maintien. Ils sont soutenus par d'anciens ordres religieux, dont la force et la nature suffisent à maintenir leurs princes dans leurs États, quel que soit leur mode de conduite ou de vie. Ils possèdent des États, mais ne les défendent pas ; des sujets, mais ne les gouvernent pas. Les États, étant sans défense, ne leur sont pas enlevés ; les sujets, n'étant pas gouvernés, ne s'en soucient pas, ne réfléchissent pas, et ne peuvent s'en séparer. Ainsi, seuls ces principautés sont sûres et heureuses. Cependo, étant dirigées par des motifs supérieurs inaccessibles à l'esprit humain, je m'abstiendrai d'en parler, car discuter sur elles serait une œuvre d'orgueil et de témérité humaine, étant créées et maintenues par Dieu.

Avant Alexandre, les puissants Italiens (et non seulement ceux qui se prétendaient puissants, mais tout baron et seigneur) accordaient peu d'importance à l'Église et peu de valeur au pouvoir temporel. Aujourd'hui, un roi de France tremble devant l'Église, qui a pu l'expulser d'Italie et ruiner les Vénitiens. C'est pourquoi, si quelqu'un me demandait comment l'Église a atteint une telle grandeur dans le pouvoir temporel, bien que cela soit notoire, il ne me semble pas superflu de le rappeler.

Avant l'arrivée de Charles, roi de France, en Italie, cette province était sous la domination du pape, des Vénitiens, du roi de Naples, du duc de Milan et des Florentins. Deux mesures principales étaient nécessaires pour ces puissants : aucun étranger ne devait entrer en Italie armé, et aucun d'entre eux ne devait occuper davantage d'États. Ceux que l'on craignait le plus étaient le pape et les Vénitiens. Pour maintenir les Vénitiens à distance, l'union de tous les autres était nécessaire, comme cela s'est produit lors de la défense de Ferrare ; pour arrêter le pape, les barons de Rome étaient nécessaires, qui se trouvaient toujours en conflit les uns avec les autres, étant divisés en deux factions, les Orsini et les Colonna. Même si parfois un pape courageux apparaissait, comme Siste, ni la fortune ni la sagesse ne pouvaient le libérer de ces tracas.

Ensuite vint Alexandre VI, qui, parmi tous les pontifes, montra combien un pape, avec de l'argent et des armes, pouvait valoir. Il réalisa, par l'intermédiaire du duc Valentino, lors du passage des Français en Italie, toutes ces choses que j'ai décrites en mentionnant les actions du duc. Bien que l'intention du pape n'ait pas été de magnifier l'Église, mais plutôt le duc, son fils, ce qu'il fit contribua à sa grandeur, qui devint l'héritière des efforts du pape après sa mort et l'extinction de son fils.

Ensuite vint Jules II, qui trouva l'Église grande, possédant toute la Romagne, les barons de Rome éteints et, grâce aux attaques d'Alexandre, ces factions annihilées. Il trouva également le chemin ouvert pour accumuler de l'argent, ce qui n'avait jamais été fait jusqu'à Alexandre. Des choses que Jules non seulement suivit, mais amplifia, pensant à s'emparer de Bologne, éteindre les

Vénitiens et chasser les Français d'Italie. Toutes ces entreprises eurent du succès et furent d'autant plus louées car elles servirent à magnifier l'Église et non un citoyen privé. Il maintint également les partis des Orsini et des Colonna dans les mêmes conditions où il les avait trouvés, et même s'il y avait parmi eux des chefs capables de changer la situation, deux choses les maintenaient sobres : la grandeur de l'Église, qui les terrifiait, et le fait que leurs cardinaux n'étaient plus la source de discorde entre eux. Ces deux factions ne seront jamais en paix tant qu'elles auront des cardinaux, car ce sont eux qui alimentent, à l'intérieur et à l'extérieur de Rome, les partis, et les barons sont obligés de les défendre. Ainsi, de l'ambition des prélats naissent les discordes et les troubles entre les barons. Le Saint-Père, le pape Léon, trouva donc un pontificat puissant, et l'on espère que, si d'autres l'ont rendu grand avec les armes, celui-ci, avec la bonté et d'autres vertus innombrables, le rendra très grand et vénérable.

COMBIEN EXISTE-T-IL DE TYPES DE MILICES ET CONCERNANT LES SOLDATS MERCENAIRES

Quot sint genera militiae et de mercennariis militibus

Ayant discuté en détail toutes les qualités des principautés que j'avais l'intention d'aborder au début, et ayant examiné en partie les raisons de leur bien ou mal-être, et montré les moyens par lesquels beaucoup ont cherché à les acquérir et à les maintenir, il me reste maintenant à discuter en général des offenses et des défenses dont chacune des principautés précédemment traitées peut se prévaloir.

Nous avons dit qu'il est nécessaire pour un prince d'avoir des fondations solides; sinon, il est inévitable qu'il tombe en ruines. Les principales fondations que tous les États, qu'ils soient nouveaux, anciens ou mixtes, possèdent sont de bonnes lois et de bonnes armes. Et comme il ne peut y avoir de bonnes lois là où il n'y a pas de bonnes armes, et là où il y a de bonnes armes, il est inévitable qu'il y ait de bonnes lois, je laisserai de côté les lois et parlerai des armes.

Je dis donc que les armes avec lesquelles un prince défend son État sont soit les siennes, soit mercenaires, soit auxiliaires, soit mixtes. Les mercenaires et les auxiliaires sont inutiles et dangereux; et si quelqu'un a un État fondé sur des armes mercenaires, il ne sera jamais stable et sécurisé; car elles sont désunies, ambitieuses, indisciplinées et infidèles; courageuses parmi les amis, lâches parmi les ennemis; elles n'ont pas de crainte de Dieu et n'ont pas confiance en les hommes, et [à cause d'elles] on retarde autant la ruine que l'attaque; en temps de paix, elles dépouillent; en temps de guerre, les ennemis dépouillent. La raison en est qu'elles n'ont pas d'autre amour ni d'autre raison qui les maintienne sur le terrain, sauf un maigre salaire, qui n'est pas suffisant pour les faire mourir pour le prince qui les embauche. Bien sûr, elles veulent être soldats tant qu'il n'y a pas de guerre, mais dès que la guerre éclate, elles veulent fuir ou s'en aller; je n'aurai pas beaucoup de mal à démontrer cela, car la ruine actuelle de l'Italie n'a été causée que par le fait qu'elle s'est appuyée pendant de nombreuses années sur des armes mercenaires, qui ont apporté quelque progrès à certains, et semblaient vaillantes lorsqu'elles se battaient entre elles; mais dès qu'un étranger est venu, elles lui ont montré leur valeur, au point que Charles, roi de France, a pu prendre l'Italie avec une craie; et celui qui a dit que la cause en était nos péchés a dit la vérité, bien que ces péchés n'étaient pas ceux qu'il pensait, mais plutôt ceux que j'ai racontés; et, comme ce étaient les péchés des princes, les princes ont souffert les conséquences.

Je veux démontrer davantage l'inefficacité de ces armes. Les capitaines mercenaires sont soit des hommes excellents, soit non; s'ils le sont, ils ne méritent pas confiance, car ils aspireront toujours à leur propre grandeur; soit en opprimant leur patron, soit en opprimant d'autres contre la volonté de celui qui les a engagés; et la ruine de celui-ci sera certaine si le capitaine n'est pas vertueux. Et si quelqu'un répond que n'importe qui ayant les armes en main fera cela, mercenaires ou non, je répondrai que les armes doivent être maniées par un prince ou par une république.

Le prince doit les accompagner personnellement et remplir lui-même le rôle de capitaine; la république doit envoyer des citoyens, et, lorsqu'elle envoie quelqu'un qui ne se montre pas vaillant, elle doit le remplacer; s'il est vaillant, elle doit le charger de lois pour qu'il ne franchisse pas les limites. Et par expérience, on voit des princes seuls et des républiques armées faire de grands progrès; et les armes mercenaires ne causent que des dommages.

Il est plus difficile de soumettre un seul citoyen à une république armée de ses propres armes que de soumettre une république armée d'armes étrangères. Rome et Sparte, pendant de nombreux siècles, étaient bien armées et étaient libres. Les Suisses sont bien armés et sont libres. En ce qui concerne les anciennes armes mercenaires, nous pouvons citer, à titre d'exemple, les Carthaginois, qui ont été presque opprimés par leurs soldats mercenaires à la fin de la première guerre avec les Romains, bien qu'ils aient eu pour chefs les citoyens eux-mêmes. Philippe de Macédoine a été fait capitaine par les Thébains après la mort d'Épaminondas, et, leur donnant la victoire, il leur a pris leur liberté.

Les Milanais, après la mort du duc Philippe, engagèrent Francisco Sforza contre les Vénitiens. Ayant triomphé des ennemis à Caravaggio, Sforza se rallia à eux pour opprimer les Milanais, ses bienfaiteurs. Sforza, le père, soldat de la reine Jeanne de Naples, l'abandonna soudainement désarmée. Pour ne pas perdre le royaume, elle fut contrainte de se jeter dans les bras du roi d'Aragon. Si les Vénitiens et les Florentins ont étendu leurs empires par ces moyens et que leurs capitaines ne sont pas devenus des princes en vertu de cela, mais les ont défendus, je réponds que les Florentins ont été favorisés par le hasard. Certains capitaines vertueux qu'ils pouvaient craindre n'ont pas vaincu, d'autres ont rencontré de l'opposition, d'autres ont dirigé leur ambition ailleurs.

Celui qui n'a pas vaincu était Giovanni Acuto, et parce qu'il n'a pas vaincu, sa fidélité n'était pas connue. Mais tous conviendront que s'il avait vaincu, les Florentins auraient été à sa merci. Sforza a toujours eu les Braccios contre lui, se surveillant mutuellement. Francisco a dirigé son ambition vers la Lombardie; Braccio, contre l'Église et le royaume de Naples. Mais voyons ce qui s'est passé récemment.

Les Florentins firent de Paulo Vitelli leur capitaine, homme très prudent qui avait acquis une grande réputation dans la vie privée. S'il conquérait Pise, personne ne nierait la convenance que les Florentins soient sous son commandement, car s'il passait au service de l'ennemi, ils n'auraient aucun recours ; et s'ils le maintenaient, ils devraient lui obéir. En examinant les progrès des Vénitiens, on constate qu'ils ont agi de manière sûre et glorieuse tant qu'ils faisaient la guerre eux-mêmes. Cela s'est produit avant qu'ils ne dirigent leurs entreprises vers la terre ferme, lorsque, avec des nobles et une populace armée, ils agissaient vertueusement. Mais lorsqu'ils ont commencé à combattre sur terre, ils ont abandonné cette vertu et suivi les coutumes des guerres d'Italie.

Au début de leur expansion terrestre, n'ayant pas beaucoup de territoire et bénéficiant d'une grande réputation, ils n'avaient pas beaucoup à craindre de leurs capitaines. Cependant, en élargissant le territoire, comme sous Carmagnola, ils ont éprouvé les conséquences de cette erreur. Voyant Carmagnola très vertueux, lorsqu'ils ont vaincu le duc de Milan sous son commandement, et percevant d'autre part qu'il se montrait timide à la guerre, ils ont jugé qu'il n'était plus possible de gagner avec lui, car il lui manquait la volonté. Ne pouvant le licencier de peur de perdre ce qu'ils avaient conquis, ils ont dû le tuer par sécurité.

Ensuite, ils ont eu comme capitaines Bartolomeo Colleoni, Roberto Sanseverino, le comte de Pitigliano et d'autres similaires, avec lesquels ils devaient craindre plus la défaite que la conquête, comme cela s'est produit plus tard à Vailà, où, d'un seul coup, ils ont perdu ce qu'ils avaient conquis avec tant de peine en huit cents ans. Parce que par ces armes, les conquêtes sont toujours lentes, tardives et faibles, tandis que les pertes sont toujours rapides et frappantes.

Et, ayant présenté des exemples de l'Italie gouvernée par des armées mercenaires, je veux en discuter de manière générale, afin que, connaissant l'origine et les progrès de ces armées, on puisse mieux les corriger. Vous devez donc savoir que depuis que l'Empire a commencé à être repoussé en Italie et que le pape a acquis une autorité temporelle, l'Italie s'est divisée en plusieurs États. Beaucoup de grandes villes ont pris les armes contre leurs nobles, favorisés autrefois par l'empereur, les maintenant opprimées, et l'Église les favorisait pour gagner une réputation dans le pouvoir temporel. De nombreuses autres villes ont vu leurs citoyens devenir des princes. Ainsi, l'Italie étant presque entièrement entre les mains de l'Église et de certaines républiques, et les prêtres de celle-ci ainsi que les citoyens de celles-ci étant habitués à l'usage des armes, ils ont commencé à engager des étrangers.

Le premier à donner de la réputation à cette sorte de milice fut Alberico da Conio, de Romagne. De son école sont issus, entre autres, Braccio et Sforza, qui en leur temps furent les arbitres de l'Italie. Après eux, tous les autres qui ont commandé ces troupes jusqu'à nos jours sont venus. Et, grâce à leur vertu, l'Italie a été envahie par Charles, pillée par Louis, violentée par Ferdinand et outragée par les Suisses.

La méthode qu'ils ont utilisée au début pour acquérir une réputation était de déprécier l'infanterie. Ils l'ont fait parce qu'étant sans État et vivant du travail, s'ils avaient peu d'infanterie, ils ne pourraient pas acquérir de réputation, et s'ils en avaient beaucoup, ils ne pourraient pas les nourrir. Ils se sont donc limités à la cavalerie, dans laquelle, avec un nombre supportable, ils ont été nourris et honorés. Les choses en sont venues au point que dans une armée de 20 mille soldats, on ne trouvait pas 2 mille fantassins. De plus, ils ont utilisé tous les moyens pour éloigner de eux et des soldats la fatigue et la peur; ils ne se tuaient pas en combat, mais se faisaient prisonniers sans demander de rançon. Ils n'attaquaient pas la nuit ; ceux des terres n'attaquaient pas les tentes, ne construisaient ni palissades ni fossés et ne sortaient pas en campagne en hiver. Toutes ces choses étaient autorisées dans leurs ordres militaires, créés par eux pour fuir, comme il a été dit, la fatigue et les dangers. Ainsi, ils ont conduit l'Italie à l'esclavage et à la déshonneur.

CE QUI CONVIENT AU PRINCE EN CE QUI CONCERNE LA MILICE

Quod principem deceat circa militiam

Il doit donc, un prince ne pas avoir d'autre objectif ni d'autre pensée, ni entreprendre quoi que ce soit d'autre que la guerre, son organisation et sa discipline, car c'est la seule art attendue de celui qui commande. Et elle est d'une telle vertu qu'elle ne maintient pas seulement ceux qui sont nés princes, mais elle élève souvent des hommes de fortune à cette position ; et, au contraire, on observe que lorsque les princes pensent plus aux délicatesses qu'aux armes, ils perdent leur État. La première raison qui le fait perdre est la négligence de cet art, et la raison qui le fait conquérir est d'être maître de cet art.

Francisco Sforza, en étant armé, est devenu duc de Milan ; ses fils, pour éviter les fatigues des armes, sont devenus des particuliers. Car, parmi d'autres maux, être désarmé avilit le prince ; c'est l'une de ces infamies dont le prince doit se prémunir, comme on le dira ci-dessous. Car, s'il n'y a pas de proportion entre l'armé et le désarmé, il n'est pas raisonnable que celui qui est armé obéisse avec plaisir à celui qui est désarmé, et que le désarmé se sente en sécurité parmi des serviteurs armés. Car, en présence de mépris d'un côté et de ressentiment de l'autre, il n'est pas possible que ces deux parties opèrent ensemble. Et aussi, un prince qui ne comprend pas les questions militaires, parmi d'autres malheurs, comme on l'a dit, ne peut être estimé par les soldats, ni se fier à eux.

Le prince ne doit donc pas détourner sa pensée de l'exercice de la guerre, et il doit l'exercer encore plus en temps de paix, ce qu'il peut faire de deux manières : par des actions et par l'esprit. En ce qui concerne les actions, en plus de maintenir organisés et exercés les siens, il doit toujours chasser pour habituer le corps à la fatigue, connaître la nature des lieux et comprendre comment se forment les montagnes, comment les vallées s'ouvrent, comment les plaines s'étendent, et comprendre la nature des rivières et des marais, en portant une grande attention à tout cela. Ces connaissances sont utiles de deux manières : d'abord, elles permettent de mieux connaître son propre pays en comprenant mieux ses défenses ; et, grâce à la connaissance pratique de ces lieux, il comprendra facilement tous les autres qu'il devra connaître, car les collines, les vallées, les plaines, les rivières et les marais qui existent, par exemple, en Toscane, ont une certaine similitude avec les autres provinces ; donc, à partir de la connaissance du terrain d'une province, on peut facilement connaître les autres. Et, pour le prince ignorant de ces connaissances, il manque de la première chose dont a besoin un capitaine ; car ces connaissances lui enseignent à trouver l'ennemi, où établir des camps, par où conduire les armées, comment organiser les marches et assiéger les villes avec avantage.

Philopéménès, prince des Achéens, avait, parmi les vertus qui lui étaient attribuées par les écrivains, celle de ne penser qu'à la guerre en temps de paix ; et quand il était sur le terrain avec ses amis, il s'arrêtait souvent et leur parlait : "Si les ennemis étaient sur cette colline, et que nous nous trouvions ici avec notre armée, qui d'entre nous aurait l'avantage ? Comment pourrions-nous les affronter en maintenant l'ordre ? Si nous voulions nous retirer, comment devrions-nous le faire ? S'ils se retiraient, comment pourrions-nous les poursuivre ?" Et il leur proposait, en marchant, tous les cas qui pourraient survenir dans une armée ; il écoutait l'opinion de tous, montrait la sienne et la corroborait avec des arguments, de telle sorte que, par ces réflexions continues, aucun accident ne pouvait jamais survenir lorsqu'il dirigeait les armées, pour lequel il n'avait pas de remède.

Quant à l'exercice de l'esprit, le prince doit lire l'histoire et y considérer les actions des hommes excellents, voir comment ils se sont comportés pendant les guerres, examiner les raisons des victoires et des défaites, pour éviter ces dernières et imiter les premières ; et surtout, il doit faire comme l'ont fait avant lui les hommes excellents, qui ont imité d'autres précédemment loués ou glorifiés par des gestes et des actions. Ainsi, Alexandre le Grand a imité Achille ; César a imité Alexandre ; Scipion a imité Cyrus. Et celui qui lit la vie de Cyrus, écrite par Xénophon, reconnaît ensuite, dans la vie de Scipion, combien cette imitation lui a valu pour la gloire, et combien dans la chasteté, la douceur, l'humanité et la libéralité Scipion ressemblait à ce que Xénophon écrivait sur Cyrus.

Un prince sage doit observer de tels moyens et ne jamais rester inactif en temps de paix ; mais avec compétence, acquérir des connaissances qui lui seront utiles dans l'adversité, afin que, lorsque la fortune changera, il soit prêt à la supporter.

SUR CES CHOSES POUR LESQUELLES LES HOMMES ET EN PARTICULIER LES PRINCES SONT LOUÉS OU CRITIQUÉS

De his rebus quibus homines
et praesertim principes
laudantur aut vituperantur

Il reste à voir maintenant quels doivent être les modes et conduites d'un prince envers les sujets et les amis. Et, parce que je sais que beaucoup ont déjà écrit à ce sujet, je doute, en écrivant encore, de ne pas être jugé présomptueux, surtout en m'éloignant, dans ce domaine, des principes des autres. Mais, ma volonté étant d'écrire quelque chose d'utile à ceux qui s'y intéressent, il m'a semblé plus approprié de m'orienter davantage vers la vérité effective des faits que vers l'imaginaire. Car beaucoup ont imaginé des républiques et des principautés jamais vues ou connues réellement, car, avec une grande distance entre la manière dont on vit et la manière dont on devrait vivre, celui qui abandonne ce qu'il fait pour ce qu'il devrait faire connaît la ruine au lieu de la préservation ; et un homme qui professe le bien dans toutes les situations connaît inévitablement la ruine parmi les iniques. Il est donc nécessaire à un prince qui veut se maintenir d'avoir connaissance de comment ne pas être bon et d'utiliser ou non la bienveillance, selon la nécessité.

Laissant donc de côté les choses imaginées sur un prince, et parlant de celles qui sont vraies, je dis que tous les hommes, et surtout les princes, en raison de leurs postes plus élevés, sont jugés par certaines qualités qui leur valent réprobation ou louange. Car certains seront considérés comme libéraux ; d'autres, misérables (en utilisant un terme toscan, car avare, dans notre langue, désigne encore celui qui souhaite posséder par rapine, et misérable nous appelons celui qui s'abstient trop d'utiliser ce qui est sien) ; certains sont considérés comme généreux, d'autres comme rapaces ; certains cruels, d'autres compatissants ; l'un est traître, l'autre loyal ; l'un efféminé et pusillanime, l'autre féroce et courageux ; l'un humain, l'autre arrogant ; l'un lascif, l'autre chaste ; l'un sincère, l'autre astucieux ; l'un dur, l'autre facile ; l'un sérieux, l'autre léger ; l'un religieux, l'autre incrédule, et ainsi de suite. Et je sais que l'on dira qu'il serait très louable de trouver en un prince, parmi toutes les qualités mentionnées ci-dessus, seulement celles qui sont considérées comme bonnes ; mais, parce qu'il n'est pas possible de les avoir toutes, ni de les observer entièrement, en raison de la condition humaine elle-même qui ne le permet pas, la prudence est nécessaire au prince pour éviter l'infamie des vices qui entraîneraient la perte de l'État, et pour pratiquer les vertus qui le lui assureraient et le protégeraient, si cela lui est possible. Mais, s'il ne peut pas, il ne devrait pas trop s'inquiéter. Car celui qui se préoccupe trop d'éviter l'infamie de ces vices, sans lesquels il est difficile de maintenir l'État, incarne quelque chose qui peut sembler être une vertu, mais qui, suivie, mène à la ruine, et élude quelque chose qui semble être un vice, mais qui, suivi, favorise la sécurité et le bien-être.

DE LA LIBÉRALITÉ ET DE LA PARCIMONIE

Pour commencer, donc, avec les premières qualités décrites ci-dessus, je dirai dans quelles conditions il est bon d'être considéré comme libéral ; cependant, la libéralité, utilisée de manière à mériter le jugement de libéral, nous nuit ; car, si pratiquée comme une vertu et comme il se doit, elle ne devient pas connue, ne nous exposant donc pas à la honte de son contraire. Si nous voulons, cependant, être considérés comme libéraux parmi les hommes, il sera nécessaire de ne pas nous soustraire à toute démonstration de somptuosité, de telle manière qu'un prince agissant ainsi épuisera toutes ses ressources dans de telles œuvres, et, à la fin, s'il veut conserver le nom de libéral, il devra surcharger le peuple d'impôts et accomplir toutes ces choses que l'on peut faire pour avoir de l'argent.

Peu à peu, il deviendra détesté par ses sujets et, appauvri, sera peu estimé de tous ; de sorte que, avec sa libéralité, ayant offensé beaucoup et récompensé peu, il vacillera devant les premiers obstacles et sera en danger face aux premiers revers ; mais, en prenant conscience de cela et voulant faire marche arrière, il tombera rapidement dans l'infamie de la misère. Un prince, ne pouvant pas faire usage, sans dommage, de la vertu de la libéralité de manière à être reconnu, devra, s'il est prudent, ignorer la réputation de misérable, car, avec le temps, il sera à nouveau perçu comme libéral, car le peuple saura que, avec parcimonie, les revenus du prince sont suffisants ; avec cela, il peut se défendre contre ceux qui lui font la guerre et réaliser des œuvres sans surcharger le peuple ; de cette manière, il pratique la libéralité envers tous ceux dont il ne prend rien, qui sont nombreux, et apporte la misère à tous ceux à qui il donne, qui sont peu nombreux.

À notre époque, seuls les réputés malheureux ont accompli de grandes œuvres ; les autres ont fini ruinés. Le pape Jules II était considéré comme généreux jusqu'à son accession au pontificat ; il ne se souciait plus ensuite de la réputation, allant à la guerre.

Le roi actuel de France a mené tant de guerres sans imposer de taxe extraordinaire à ses sujets, simplement parce qu'il a géré ses dépenses superflues avec une grande parcimonie. Le roi actuel d'Espagne, s'il était considéré comme généreux, ne pourrait pas se lancer dans autant d'entreprises, ni les réussir. Par conséquent, un prince doit dépenser peu, pour ne pas avoir à voler ses sujets ; pour pouvoir se défendre, pour ne pas devenir pauvre, pour ne pas être forcé de devenir cupide, même en courant le risque de passer pour misérable, car c'est l'un de ces vices qui lui permettent de régner.

Et si quelqu'un disait que César, avec sa générosité, est arrivé à l'Empire, et que beaucoup d'autres, en étant généreux et reconnus comme tels, ont atteint des postes très élevés, je répondrais : soit tu es déjà un prince, soit tu le seras bientôt. Dans le premier cas, cette générosité est nuisible ; dans le second, il est nécessaire d'être généreux et ainsi reconnu. Et César était l'un de ceux qui voulaient atteindre le principat de Rome ; mais s'il avait survécu après y être parvenu et n'avait pas modéré ses dépenses, il aurait détruit cet Empire.

Et si quelqu'un répliquait que de nombreux princes ont accompli de grandes choses avec leurs armées et étaient réputés généreux, je répondrais : soit le prince dépense le sien et celui de ses sujets, soit il dépense celui des autres ; dans le premier cas, il doit être parcimonieux ; dans le second, il ne doit négliger aucune générosité. Mais pour ce prince qui avance avec ses armées, qui se nourrit du pillage, des prises et des rançons, et qui manipule les biens des autres, cette générosité est nécessaire ; sinon, il ne serait pas suivi par les soldats.

Cependant, en ce qui concerne ce qui n'est pas à lui ni à ses sujets, le prince peut agir avec générosité, comme l'ont fait Cyrus, César et Alexandre ; car dépenser ce qui appartient aux autres ne nuit pas à la réputation du prince, mais l'ajoute ; seulement, cela lui nuit de dépenser ce qui est à lui propre. Rien au monde ne se consume plus rapidement que la générosité ; si le prince en fait usage, il perd rapidement la capacité de l'utiliser, car il devient pauvre ou méprisé ; s'il l'évite pour éviter la pauvreté, il devient cupide et haï. Et parmi les choses qu'un prince doit éviter, il y a d'être méprisé et d'être haï ; et la générosité conduit à l'une et à l'autre de ces choses. Par conséquent, il est plus sage de supporter la réputation de misérable et d'encourir une infamie sans haine que, pour rechercher la réputation de généreux, devenir cupide et, par conséquent, encourir une infamie avec haine.

SUR LA CRUAUTÉ ET LA PITIÉ; ET S'IL VAUT MIEUX ÊTRE AIMÉ QUE CRAINT, OU L'INVERSE

*De crudelitate et pietate; et
an sit melius amari quam
timeri, vel e contra*

Revenons aux autres qualités déjà mentionnées, je dis que chaque leader doit souhaiter être considéré comme pieux et non cruel ; cependant, il est crucial de veiller à un bon usage de cette piété. César Borgia était réputé cruel ; cependant, cette cruauté était instrumentale pour réorganiser la Romagne, la unir et la soumettre à la paix et à la foi. Ce qui, bien considéré, met en évidence sa piété par rapport au peuple florentin qui, pour éviter d'être étiqueté cruel, a permis la destruction de Pistoia.

Un leader ne doit donc pas se soucier de la mauvaise réputation de cruauté pour maintenir les sujets unis et fidèles ; car, avec très peu d'exemples, il sera plus pieux que ceux qui, par une piété excessive, permettent la croissance de troubles, entraînant des meurtres ou des pillages ; alors que ces événements nuisent à tous, tandis que les meurtres ordonnés par le leader ne nuisent qu'à un seul.

Parmi tous les leaders, il est impossible à un nouveau leader d'éviter la réputation de cruauté, car les États nouveaux sont pleins de dangers. Et Virgile, par le biais de Didon, affirme :

"Res dura, et regni novitas me talia cogunt

Moliri, et late fines custode tueri"

Nonobstant, en croyant et agissant, il est essentiel de réfléchir ; courageusement, on doit agir de manière équilibrée, avec prudence et humanité, de sorte que la confiance excessive ne rende pas le leader imprudent et la méfiance excessive ne le rende pas insupportable.

De là naît une dispute : s'il vaut mieux être aimé que craint, ou vice versa. On répond que l'idéal est d'être l'un et l'autre ; cependant, comme il est difficile de les réunir, il est beaucoup plus sûr d'être craint que d'être aimé, lorsque l'on doit renoncer à l'une des deux. Car, en général, on peut dire des hommes qu'ils sont ingrats, inconstants, simulés et dissimulés, craignant le danger, avides du profit ; et alors qu'on leur fait du bien, ils appartiennent au prince, lui offrent leur sang, leurs vêtements, leur vie et même leurs enfants, lorsque le besoin est lointain, comme cela a été dit auparavant ; mais quand il approche, ils se révoltent. Et ce prince, fondé sur leurs paroles, se trouvant privé d'autres moyens de défense, s'effondre ; car les amitiés acquises par intérêt, et non par la grandeur et la noblesse de l'âme, ont du mérite, mais on ne peut pas compter sur elles, et au moment opportun, on ne peut pas les utiliser. Les hommes se soucient moins d'offenser celui qui se fait aimer que celui qui se fait craindre ; car l'amour est un lien d'obligation que les hommes, étant mauvais, rompent à la première occasion ; mais la crainte est nourrie par la peur de la punition qui l'accompagne.

Le prince doit cependant se faire craindre de manière à éviter, s'il ne gagne pas l'amour, la haine, car il peut très bien être craint sans être en même temps haï ; ce qu'il fera toujours, s'il s'abstient des biens et des femmes de ses citoyens et de ses sujets ; et s'il doit verser le sang de quelqu'un, qu'il le fasse lorsque la justification est convenable et la cause manifeste ; mais surtout, qu'il s'abstienne des biens d'autrui ; car les hommes oublient plus rapidement la mort du père que la perte du patrimoine. De plus, il ne manque jamais de raisons pour s'emparer des biens d'autrui ; et toujours, celui qui commence à vivre du pillage, trouve des motifs pour s'en occuper ; cependant, les actions contre le sang sont plus rares et se dissipent plus rapidement.

Mais lorsque le prince est à la tête de ses armées et commande une multitude de soldats, il a l'obligation de ne pas se soucier de briller par sa cruauté ; car sans cela, il ne maintiendra jamais l'armée unie et prête à l'action. Parmi les actions admirables d'Annibal, on mentionne celle-ci : ayant une immense armée, une mélange d'innombrables races, et combattant sur des terres étrangères, il n'a jamais été témoin d'aucune dissension, ni entre les races ni contre le prince, que ce soit dans la mauvaise ou la bonne fortune. Cela ne pouvait découler que de sa cruauté inhumaine, qui, avec ses innombrables autres vertus, le rendait toujours vénéré et redoutable aux yeux de ses soldats ; car sans cette cruauté, aucune de ses autres vertus ne lui aurait suffi. Cependant, les écrivains hâtifs, s'ils admirent d'un côté cette vertu chez Annibal, condamnent de l'autre la principale cause de celle-ci.

Et que les autres vertus n'auraient pas suffi ou non, on peut le voir par Scipion - extrêmement rare, non seulement en son temps, mais dans toute la mémoire des choses dont on a connaissance -, dont les armées se sont rebellées en Espagne. La cause en était la clémence excessive de Scipion, qui avait accordé à ses soldats plus de libertés que ne le permettait la discipline militaire. À ce sujet, Fabius Maximus le réprimanda au Sénat, le qualifiant de corrupteur de la milice romaine. Les Locriens, après avoir été outragés par un légat de Scipion, ne furent pas réparés par ce dernier, et l'insolence de ce légat ne fut pas réprimée, tout cela résultant de la nature douce de Scipion. Tel fut le cas, que quelqu'un voulant le justifier au Sénat dit qu'il appartenait [à Scipion] à une espèce d'hommes qui savent mieux ne pas errer que corriger les erreurs. La nature aurait avec le temps terni la réputation et la gloire de Scipion s'il avait persisté dans son empire ; mais en vivant sous le gouvernement du Sénat, cette qualité nuisible non seulement disparut, mais lui apporta également la gloire.

Je conclus donc, en revenant à la question d'être craint et aimé, que, du fait que les hommes aiment selon leurs volontés et craignent la volonté des princes, un prince sage doit s'appuyer sur ce qui lui appartient, non sur ce qui appartient aux autres ; il doit seulement s'efforcer d'éviter la haine, comme il a été dit.

DE QUELLE MANIÈRE LA FOI DOIT ÊTRE PRÉSERVÉE PAR LES PRINCES

Quomodo fides a principibus
sit servanda

Qu'il est louable pour un prince de tenir parole et de vivre avec intégrité plutôt qu'avec ruse, tout le monde le comprend; cependant, il est observé par expérience en notre temps que de nombreux princes ont accompli de grandes choses, mais ayant peu de considération pour tenir parole, ils ont su avec ruse tromper l'intelligence des hommes; et finalement, ils ont surpassé ceux qui ont compté sur leur loyauté.

Il faut donc savoir comment sont les deux formes de combat : l'une avec les lois, l'autre avec la force; la première est propre à l'homme; la seconde, aux animaux; mais parce que la première ne suffit souvent pas, il est nécessaire de recourir à la seconde. Ainsi, un prince doit savoir utiliser à bon escient aussi bien l'aspect animal que l'aspect humain. Cela a été enseigné aux princes de manière voilée par les anciens écrivains, qui ont écrit sur Achille, et beaucoup d'autres de ces anciens princes ont été confiés à l'éducation du centaure Chiron, qui, sous sa discipline, les a éduqués. Avoir comme précepteur une créature mi-animal, mi-homme, ne signifie rien d'autre qu'un prince doit savoir utiliser les deux natures ; l'une sans l'autre n'est pas durable.

Étant donc nécessaire pour un prince de se comporter comme une bête sauvage, il doit prendre l'exemple du renard et du lion; car le lion ne se défend pas contre les pièges, et le renard ne se défend pas contre les loups. Il faut donc être renard pour connaître les pièges et lion pour effrayer les loups. Ceux qui agissent seulement comme le lion comprennent peu. Un seigneur sage ne doit donc pas maintenir sa parole lorsque cette observance lui est préjudiciable et lorsque les raisons qui l'ont fait promettre cessent. Si tous les hommes étaient bons, ce précepte ne serait pas bon; mais parce qu'ils sont iniques et ne tiennent pas parole au prince, le prince n'est pas non plus obligé de tenir parole envers eux. Il ne manque jamais à un prince de raisons légitimes pour justifier la rupture de la parole. On pourrait donner d'innombrables exemples, de nos jours, montrant combien de paix et de promesses ont été ruinées par l'infidélité des princes; et celui qui a su se comporter le mieux comme le renard a remporté le plus grand succès.

Mais il est nécessaire de bien cacher cette nature et d'être un bon simulateur et dissimulateur; les hommes sont si simples et obéissent tellement aux nécessités présentes que celui qui trompe trouvera toujours quelqu'un pour se laisser tromper.

Je ne veux pas, parmi les exemples récents, omettre d'en mentionner un. Alexandre VI n'a rien fait d'autre que de tromper les hommes, c'était sa seule préoccupation; et il trouvait toujours l'occasion de le faire. Il n'a jamais existé d'homme qui ait eu une plus grande assurance pour affirmer une chose qu'il ne tenait pas par de nombreux serments; cependant, les tromperies lui ont toujours réussi selon ses propres souhaits, car il connaissait bien cet aspect du monde.

Il n'est donc pas nécessaire pour un prince de posséder toutes les caractéristiques précédemment abordées, mais il est impératif qu'il semble les posséder. Ou plutôt, je risquerais de dire que, en les possédant et en les employant continuellement, elles lui seront nuisibles; cependant, en semblant les posséder, elles deviendront avantageuses; tout comme il lui sera utile, en semblant pieux, fidèle, humain, intègre et religieux, s'il l'est effectivement; mais il doit avoir la disposition d'esprit pour devenir impie lorsque c'est nécessaire. Et il faut comprendre qu'un prince, surtout un prince nouveau, ne peut suivre toutes ces choses par lesquelles les hommes sont considérés comme bons, car souvent, pour maintenir l'État, il doit agir contre la foi, la charité, l'humanité, la religion. Il est cependant nécessaire qu'il ait l'esprit disposé à changer selon les vents et les variations imposés par la fortune, et, comme mentionné précédemment, ne pas s'éloigner du bien s'il le peut, mais savoir s'engager dans le mal si nécessaire.

Ainsi, un prince doit prendre grand soin de ne jamais laisser échapper de sa bouche une parole qui ne soit pas empreinte des cinq qualités précédemment citées, et qui semble, à celui qui le voit et l'entend, tout de piété, de foi, d'intégrité, d'humanité et de religion. Et rien n'est plus nécessaire que de feindre cette dernière qualité. Et les hommes, universellement, jugent plus par les yeux que par les mains; car il appartient à tous de voir, mais à peu de sentir. Tous voient ce que le prince semble être, mais peu ressentent ce qu'il est; et ces rares individus n'osent pas s'opposer à l'opinion des nombreux qui ont la majesté de l'État pour les défendre; et dans les actions de tous les hommes, et surtout des princes, où il n'y a pas de tribunal d'appel, on attend le succès final.

Ainsi, le prince doit chercher à vaincre et à maintenir l'État; les moyens seront toujours jugés honorables et loués de tous, car la foule est conquise par les apparences et par le succès des choses, et dans le monde, il n'y a que la foule; et les rares ne peuvent rien lorsque les nombreux n'ont rien sur quoi s'appuyer. Un prince de notre temps, que je ne nommerai pas, ne prêche que la paix et la foi, mais il est l'ennemi suprême des deux; et si les avait suivis, elles lui auraient souvent nui à sa réputation ou à son État.

SUR LA FUITE
DU MÉPRIS ET
DE LA HAINE

De contemptu et odio fugiendo

Mais, pourquoi, au sujet des qualités précédemment mentionnées, j'ai parlé des plus importantes, des autres je veux traiter brièvement, selon ces généralités : que le prince cherche à éviter ces choses qui le rendent odieux et méprisable, comme mentionné précédemment, en partie ; et chaque fois qu'il les évite, il aura accompli ce qui lui revient, et ne rencontrera aucun danger dans les autres infamies. Il est rendu odieux surtout, comme je l'ai dit, en étant rapace et usurpateur des biens et des femmes des sujets ; ce qu'il doit éviter ; et chaque fois que, de manière générale, ni les biens ni les honneurs ne sont enlevés aux hommes, ils vivent contents, et il suffit de combattre l'ambition de quelques-uns, qui peut être maîtrisée de nombreuses manières. Il est rendu méprisable en étant considéré comme volage, léger, efféminé, pusillanime, indécis ; ce dont un prince doit se préserver comme d'un rocher, et s'efforcer que ses actions révèlent la grandeur, la vaillance, la gravité, la force, et, en ce qui concerne les actions privées des sujets, il doit vouloir que son jugement soit irrévocable ; et maintenir une telle opinion, de sorte que personne ne pense à le tromper ni à le duper.

Le prince qui projette cette image aura une bonne réputation ; et contre qui la possède, il est difficile de conspirer, difficile de lutter, tant qu'il est considéré excellent et respecté par les siens. Parce qu'un prince doit avoir deux craintes : une interne, de la part des sujets ; l'autre externe, de la part des puissants étrangers. Contre ces derniers, il se défend avec de bonnes armes et de bons amis ; et, chaque fois qu'il a de bonnes armes, il aura de bons amis ; et les choses internes seront toujours sûres, tant que les externes le seront, sauf si elles ont été perturbées par une conspiration ; et, même si les externes le perturbent aussi, si le prince s'est organisé et a vécu comme je l'ai dit, et n'a pas perdu son courage, il résistera toujours à toute attaque, comme le spartiate Nabis l'a fait.

Mais, en ce qui concerne les sujets, lorsque les choses externes ne sont pas perturbées, il faut craindre des conspirations secrètes ; le prince s'assure de cela en évitant d'être haï ou méprisé, et en maintenant le peuple satisfait ; ce qui doit être atteint, comme il a été dit précédemment en détail. Et l'un des remèdes les plus efficaces qu'un prince puisse avoir contre les conspirations est de ne pas être haï par la majorité, car, chaque fois qu'il y a conspiration, on pense que la mort du prince satisfera le peuple ; mais, quand il peut être offensé, le conspirateur n'est pas incité à prendre une telle voie, car les difficultés auxquelles les conspirateurs seront confrontés seront trop nombreuses.

L'expérience montre que les conspirations sont nombreuses, mais que leur succès est limité, car celui qui conspire ne peut pas être seul, et ne peut avoir comme compagnie que ceux qu'il croit insatisfaits ; et dès que les insatisfaits connaissent l'intention du conspirateur, ils se réjouissent, car ils peuvent bénéficier de la dénonciation ; car, ayant le gain assuré d'un côté, et voyant le doute et les nombreux dangers de l'autre, il convient soit qu'ils soient amis, comme peu le sont, soit qu'ils soient des ennemis obstinés du prince, afin qu'ils tiennent leur parole. Et, pour abréger la discussion, je dis que du côté du conspirateur il n'y a que la peur, la jalousie et la crainte du châtiment ; cependant, du côté du prince, il y a la majesté du principat, les lois, les amis et l'État qui le protègent ; de sorte que, ajoutant à toutes ces choses la bienveillance populaire, il est impossible que quelqu'un soit assez téméraire pour conspirer. Car, si un conspirateur craint généralement le mal avant de conspirer, s'il a le peuple comme ennemi, il craindra même après l'avoir pratiqué, ne pouvant alors espérer aucun refuge.

De ce sujet, d'innombrables exemples pourraient être donnés ; mais je veux en citer seulement un, qui nous a été légué par la mémoire de nos parents. Monseigneur Anibal Bentivoglio, grand-père du monseigneur Anibal actuel, était prince à Bologne et a été tué par les Canneschis, qui avaient conspiré contre lui, ne laissant derrière lui que Monseigneur Jean, encore en couches ; peu de temps après cet homicide, le peuple se révolta et tua tous les Canneschis. Cela fut le résultat de la bienveillance populaire dont la maison des Bentivoglios jouissait à cette époque ; et elle était telle que, ne restant personne de cette famille à Bologne capable de gouverner l'État après la mort d'Anibal, et indiquant qu'il restait un Bentivoglio à Florence, fils d'un forgeron, les Bolonais s'y rendirent et lui confièrent le gouvernement de cette ville. Florence a été gouvernée par lui jusqu'à ce que Monseigneur Jean atteigne l'âge convenable pour gouverner.

Je conclus donc qu'un prince doit accorder peu d'importance aux conspirations lorsque le peuple lui est bienveillant ; mais, quand il est ennemi et le hait, il doit craindre tout et tous. Les États bien organisés et les princes sages ont cherché avec toute la diligence possible à ne pas désespérer les grands, à satisfaire le peuple et à le maintenir content ; car c'est l'un des sujets les plus importants dont un prince doit s'occuper.

Parmi les royaumes bien organisés et gouvernés de notre époque se trouve celui de la France ; et en lui se trouvent de nombreuses institutions bénéfiques, dont dépendent la liberté et la sécurité du roi ; la première d'entre elles étant le parlement et son autorité. Car celui qui a organisé ce royaume, connaissant l'ambition et l'insolence des puissants ; jugeant nécessaire de leur mettre un frein à la bouche pour les contenir ; et connaissant aussi la haine, basée sur la peur, que la majorité éprouve envers les grands, n'a pas permis que la sécurité de tous soit une responsabilité royale. Ainsi, le roi n'aurait pas à supporter la haine des grands en favorisant le peuple, ni la haine du peuple en favorisant les grands. À la place, il a établi un troisième pouvoir qui, sans être une charge royale, maîtrise les grands et favorise les petits. Cette ordonnance ne pourrait être meilleure, ni plus prudente, assurant ainsi une plus grande sécurité pour le roi et le royaume. Il en découle une autre conclusion notable : les princes doivent confier à d'autres les tâches désagréables et réserver pour eux-mêmes les actes de grâce. Je conclus à nouveau qu'un prince doit estimer les grands, mais ne pas se laisser haïr par le peuple.

Il pourrait sembler, peut-être à beaucoup, en considérant la vie et la mort de quelque empereur romain, qu'elles étaient des exemples contraires à mon opinion ; même s'il avait toujours vécu de manière éminente et avait montré une grande vertu d'esprit, il n'en a pas moins perdu l'empire ou a été tué par les siens qui conspiraient contre lui. Ainsi, pour répondre à ces objections, je discuterai des qualités de certains empereurs, montrant les raisons de leur chute, qui ne diffèrent pas de ce que j'ai avancé. Je prendrai en considération les faits marquants pour ceux qui lisent les événements de ces temps.

Il suffit de mentionner tous ces empereurs qui se sont succédé dans l'Empire, de Marc le Philosophe à Maximin, qui étaient Marc, son fils Commode, Pertinax, Julien, Sévère, son fils Antonin Caracalla, Macrin, Héliogabale, Alexandre et Maximin. Tout d'abord, il convient de noter que, dans les principautés où il fallait simplement lutter contre l'ambition des grands et l'insolence des peuples, les empereurs romains rencontraient une troisième difficulté : supporter la cruauté et l'avarice des soldats. C'était si difficile que cela a été la cause de la ruine de nombreux empereurs. Il était difficile de satisfaire à la fois les soldats et les peuples, car ces derniers aimaient la tranquillité et appréciaient donc les princes modestes, tandis que les soldats appréciaient le prince au caractère militaire, insolent, cruel et cupide. Cela demandait au prince d'exercer ces traits contre les peuples, afin d'obtenir un double salaire et de satisfaire la cupidité et la cruauté. Ces choses ont conduit à la ruine de ces empereurs qui, par nature ou par art, n'avaient pas une grande réputation pour maintenir en bride les uns et les autres. La plupart d'entre eux, surtout ceux qui arrivaient jeunes au pouvoir, conscients de la difficulté de ces deux humeurs différentes, se tournaient vers la satisfaction des soldats, négligeant le peuple dont le soutien était nécessaire. Car même si les princes ne pouvaient éviter la haine de certains, ils devaient, néanmoins, éviter la haine de tous. Et s'ils ne pouvaient y parvenir, ils devaient tout faire pour éviter la haine des plus puissants.

Par conséquent, les empereurs, ayant besoin de faveurs extraordinaires en raison de leur jeunesse, se tournaient plutôt vers les soldats que vers les peuples. Ces derniers, qu'ils leur soient utiles ou non, dépendaient de la réputation que le prince avait parmi eux. Pour les raisons mentionnées ci-dessus, il en est résulté que Marc, Pertinax et Alexandre, tous ayant une vie modeste, aimant la justice, hostiles à la cruauté, humains et bienveillants, ont tous connu une fin malheureuse, à l'exception de Marc. Marc a vécu et est mort honorablement car il est parvenu à l'empire par héritage et n'a pas eu à être reconnu par les soldats ni par les peuples. De plus, avec de nombreuses vertus qui l'ont rendu vénéré, il a maintenu l'armée et le peuple dans les limites tant qu'il a vécu, n'étant jamais haï ni méprisé. Cependant, Pertinax a été fait empereur contre la volonté des soldats qui, habitués à vivre licencieusement sous le règne de Commode, n'ont pas supporté la vie honnête à laquelle il voulait les ramener. Il a été donc haï, et ce mépris s'est ajouté au dégoût envers sa vieillesse, le ruinant dès le début de son règne.

Il convient de noter ici que la haine s'acquiert aussi bien par les bonnes actions que par les mauvaises; cependant, comme mentionné précédemment, un prince, désireux de maintenir l'État, se trouve constamment contraint de ne pas être bon. Car, lorsque l'institution essentielle à sa propre préservation, que ce soit le peuple, les soldats ou les grands, est corrompue, il doit suivre leurs désirs pour les satisfaire. Dans ce cas, les bonnes actions lui seront néfastes.

Parlons maintenant d'Alexandre, qui était d'une telle bienveillance que parmi les éloges qui lui sont attribués, on trouve celui-ci : pendant les années où il a gouverné l'empire, il n'a jamais causé la mort de quelqu'un sans jugement. Cependant, étant considéré comme efféminé et un homme gouverné par sa mère, il fut méprisé, et l'armée conspira contre lui et le tua.

En abordant les caractéristiques de Commode, Sévère, Antonin Caracalla et Maximin, vous les trouverez très cruels et avides. Pour satisfaire les soldats, ils ne pardonnaient aucune injure commise par les peuples, et tous, sauf Sévère, ont connu une fin tragique. Car Sévère possédait une telle vertu qu'en maintenant l'amitié des soldats, même en opprimant les peuples, il pouvait régner avec bonheur. Ses vertus le rendirent aussi admirable aux yeux des soldats qu'aux yeux des peuples, qui étaient, d'une certaine manière, émerveillés, et ceux-ci étaient respectueux et satisfaits. Ses actions furent grandioses pour un nouveau prince, et je veux montrer brièvement comment il sut utiliser habilement la ruse et la force, dont les natures, comme mentionné précédemment, doivent être imitées par le prince.

Sévère, ayant pris connaissance de l'inactivité de Julien, l'empereur, persuada l'armée, dont il était le capitaine en Illyrie, qu'il était bon de se rendre à Rome pour venger la mort de Pertinax, assassiné par les gardes prétoriens. Sous ce déguisement, sans révéler qu'il aspirait effectivement à l'Empire, il conduisit l'armée contre Rome, arrivant en Italie avant que sa départ soit connu. Après avoir éliminé Julien, Sévère, par crainte, fut proclamé empereur par le Sénat. Deux difficultés subsistaient pour lui assurer le contrôle total de l'État : l'une en Asie, où Nigro, chef des armées asiatiques, s'était fait proclamer empereur ; l'autre en Occident, où se trouvait Albinus, qui aspirait encore à l'Empire. Jugeant dangereux de se déclarer ennemi des deux, il décida d'attaquer Nigro et de tromper Albinus, à qui il écrivit en prétendant qu'après avoir été proclamé empereur par le Sénat, il voulait partager cette dignité avec lui. Il lui envoya le titre de César, et par délibération du Sénat, il devint le collègue d'Albinus, des choses qu'Albinus accepta comme vraies. Cependant, Sévère, ayant vaincu et Nigro étant mort, et les choses s'étant calmées en Orient, il retourna à Rome, se plaignant au Sénat qu'Albinus, ingrat envers les bienfaits reçus, avait cherché à le tuer lâchement. Ensuite, il le chercha en Gaule et lui ôta le pouvoir et la vie. Quiconque examine minutieusement ses actions y verra un lion très féroce et un renard très rusé ; il le verra craint et vénéré de tous, et non pas haï par les armées ; et il ne sera pas étonné qu'un homme nouveau ait pu obtenir un tel empire, car sa réputation énorme le protégeait toujours contre la haine que les peuples pourraient avoir envers ses rapines.

Antonin, son fils, fut lui aussi un homme de grandes qualités qui le rendaient admiré par les peuples et apprécié des soldats ; car c'était un homme militaire, endurant toutes les fatigues, méprisant les mets délicats et toute autre mollesse, ce qui le rendait aimé de tous les soldats. Cependant, sa férocité et sa cruauté furent telles et si inouïes - ayant, après de nombreux meurtres individuels, tué une grande partie de la population de Rome, et toute celle d'Alexandrie - qu'elles le rendirent odieux à tout le monde ; et il commença à être craint également par ceux qui l'entouraient, si bien qu'il fut tué par un centurion au milieu de son propre armée. Il convient de noter que de telles morts, qui résultent de la délibération d'un esprit obstiné, sont inévitables pour les princes, car celui qui ne craint pas la mort ne craint pas de tuer. Cependant, le prince ne doit pas les craindre, car elles sont extrêmement rares. Il doit simplement éviter de commettre des injures graves envers ceux qui le servent et qui sont à son service dans le principat. C'est ce qu'a fait Antonin, qui avait dans sa garde un centurion qu'il menaçait et dont le frère avait été tué de manière ignoble ; une décision téméraire qui aurait pu le ruiner, comme cela s'est produit.

Parlons maintenant de Commode, à qui il était très facile de maintenir l'Empire, car il le possédait de droit héréditaire, en tant que fils de Marc. Il lui suffisait de suivre les traces de son père, et les soldats ainsi que les peuples auraient été satisfaits. Cependant, étant d'une cruauté et bestialité notoires, afin de pouvoir exercer sa rapacité contre les peuples, il divertissait les armées et les laissait devenir licencieuses ; d'un autre côté, en ne maintenant pas la dignité impériale, en descendant fréquemment dans les arènes pour combattre avec les gladiateurs, et en commettant d'autres actes cruels et indignes de la majesté impériale, il devint méprisable aux yeux des soldats. Étant haï d'un côté et méprisé de l'autre, une conspiration fut tramée contre lui et il fut tué.

Il nous reste à discuter des qualités de Maximin. C'était un homme très belliqueux ; et, les armées étant très mécontentes de la faiblesse d'Alexandre, comme je l'ai expliqué précédemment, à sa mort, ils l'ont élu pour l'Empire, qu'il n'a pas détenu longtemps ; car deux choses le rendaient odieux et méprisable : premièrement, son origine modeste, car il avait été berger en Thrace (connu de tous, provoquant le mépris de beaucoup) ; deuxièmement, au début de son règne, en tardant à se rendre à Rome pour prendre possession du trône impérial, il s'est donné une image de cruauté, car à travers ses préfets, à Rome et partout dans l'Empire, il exerçait de nombreuses cruautés. Ainsi, le mépris envers sa lignée basse et la crainte de sa férocité ont incité l'Afrique à se rebeller en premier, puis le Sénat avec tout le peuple de Rome, et toute l'Italie a conspiré contre lui. L'armée elle-même s'est jointe à la rébellion, menant une campagne à Aquilée. Confrontée à des difficultés lors du siège et exaspérée par la cruauté de l'empereur, elle le tua, moins craintif de le voir entouré d'ennemis.

Je ne veux pas parler ni d'Héliogabale, ni de Macrin, ni de Julien, tous étant méprisables, ils ont rapidement trouvé leur fin ; mais passons à la conclusion de ce sujet. Je dis que les princes de notre époque ont moins de difficulté à satisfaire de manière extraordinaire les soldats dans leurs gouvernements ; car même s'il est nécessaire d'avoir quelque considération pour eux, il est facile de l'obtenir, car aucun de ces princes n'a des armées aussi invétérées que celles de l'Empire romain envers les gouvernements et l'administration des provinces. Cependant, s'il était alors nécessaire de satisfaire davantage les soldats que les peuples, c'était parce que les soldats avaient plus de pouvoir que les peuples ; maintenant, tous les princes, à l'exception du grand Turc et du sultan [d'Égypte], doivent satisfaire les peuples et les soldats, car les peuples ont plus de pouvoir que ces derniers. Je fais exception pour le grand Turc, ayant toujours autour de lui 12 000 soldats d'infanterie et 15 000 cavaliers, dont dépend la sécurité et la puissance de son royaume ; il est nécessaire que, sans aucune autre considération, leur seigneur les maintienne en amis. De même, le royaume du sultan étant entièrement entre les mains des soldats, il doit les maintenir en amis, sans se soucier des peuples.

Il convient de noter cependant que l'État du sultan est différent de tous les autres principautés, ressemblant au pontificat chrétien, qu'on ne peut appeler ni principauté héréditaire ni principauté nouvelle ; car ce ne sont pas les enfants du prince précédent qui, en héritant de la principauté, deviennent les seigneurs ; celui qui détient l'autorité est élu pour le poste. Et bien que cette institution soit ancienne, on ne peut pas la qualifier de principauté nouvelle, car elle ne présente aucune des difficultés rencontrées dans les nouvelles principautés ; même si le prince est nouveau, les institutions de cet État sont anciennes et organisées pour le recevoir comme s'il était le seigneur par héritage de l'État.

Revenons cependant à notre sujet. Je dis que quiconque examine ce qui a été exposé verra que la haine ou le mépris ont été la cause de la chute des empereurs mentionnés ; et il saura également pourquoi, certains agissant d'une manière et d'autres d'une autre, dans l'une ou l'autre de ces manières, l'un a eu une fin heureuse et les autres une fin malheureuse. Car Pertinax et Alexandre, étant des princes nouveaux, ont été inutiles et nuisibles en voulant imiter Marc, qui était au pouvoir par héritage ; de même, Caracalla, Commode et Maximin ont été préjudiciables en imitant Sévère, car ils n'avaient pas assez de vertu pour suivre ses traces. Par conséquent, un prince nouveau dans une principauté nouvelle ne peut pas imiter les actions de Marc, et il n'est même pas nécessaire de suivre celles de Sévère ; il doit cependant emprunter à Sévère les éléments nécessaires à la fondation de l'État, et à Marc ceux qui sont appropriés et glorieux pour conserver un État déjà établi et solide.

SI LES FORTERESSES ET DE NOMBREUSES AUTRES CHOSES RÉALISÉES QUOTIDIENNEMENT PAR LES PRINCES SONT UTILES OU INUTILES

An arces et multa alia quae cotidie a principibus fiunt utilia an inutilia sint

Certains princes, en vue de la sécurité de l'État, ont désarmé leurs sujets; d'autres ont maintenu des divisions dans les terres soumises; certains ont cultivé des inimitiés contre eux-mêmes; certains se sont consacrés au recrutement de ceux qui méfiaient initialement de leurs gouvernements; certains ont construit des forteresses, tandis que d'autres les ont ruinées et détruites. Et bien que l'on ne puisse pas émettre un jugement définitif sur toutes ces actions sans considérer les particularités des États où des décisions similaires ont été prises, je parlerai de manière générale sur la matière elle-même.

Jamais un prince nouvellement arrivé n'a désarmé ses sujets; au contraire, lorsqu'il les trouvait désarmés, il les armait toujours. Car en armant, les armes deviennent sa propriété, transformant les suspects en fidèles. Ceux qui étaient déjà loyaux le restent, et les sujets deviennent des partisans. En donnant des armes à certains, le prince favorise ces quelques-uns, lui permettant de traiter les autres avec plus de sécurité. Cette différenciation de traitement les rend plus reconnaissants, tandis que les autres le pardonnent, reconnaissant la nécessité de récompenser ceux qui prennent plus de risques et de responsabilités. Les désarmer, en revanche, offense, indiquant la méfiance et suscitant la haine. Face à l'impossibilité de désarmer tous, le prince peut recourir à la milice mercenaire, bien que, même si elle est vertueuse, elle puisse ne pas être suffisante contre des ennemis puissants et des sujets suspects. Cependant, un prince nouveau dans un nouveau principat organise toujours les armes.

En conquérant un nouvel État qui se joint à l'ancien, il est nécessaire de désarmer le nouveau, sauf ceux qui ont soutenu le prince pendant la conquête. Cependant, avec le temps, il faut les affaiblir et les organiser de manière à ce que les armes du nouvel État soient entre les mains de ceux qui les possédaient dans l'État ancien.

Autrefois, disaient nos ancêtres et sages, pour préserver Pistoie, ils recouraient aux dissensions, et pour conserver Pise, aux forteresses. Ils cultivaient des différences dans certaines terres soumises pour les posséder facilement. Cette méthode était efficace lorsque l'Italie était en équilibre, mais aujourd'hui je doute que ce soit un précepte valide, car les factions n'offrent pas d'avantages. Lorsque l'ennemi approche, les villes divisées sont inévitablement vaincues, car la partie la plus faible s'allie à l'envahisseur.

Les Vénitiens, peut-être motivés par les raisons mentionnées, nourrissaient les factions guelfes et gibelines dans les villes qui leur étaient soumises. Même sans porter ces dissensions à des conflits armés, ils encourageaient les discordes entre elles pour maintenir les citoyens occupés et désunis. Cependant, cette méthode ne leur fut pas bénéfique, comme en témoigne la défaite à Vailà, où une partie des villes prises se rebella et prit le contrôle de l'État. De telles stratégies indiquent la faiblesse du prince, inacceptable dans un principat fort, où de telles divisions sont utiles seulement en temps de paix.

Les princes se distinguent en surmontant les difficultés et les oppositions. Par conséquent, en essayant d'élever un prince nouveau, la fortune lui apporte des ennemis pour qu'il puisse les surpasser et s'élever. Certains pensent qu'un prince sage doit, lorsque c'est possible, cultiver astucieusement une certaine inimitié pour l'éliminer et atteindre une grandeur plus importante.

Les princes, surtout les plus jeunes, trouvent une plus grande confiance et utilité en ceux qui, aux débuts de l'État, étaient considérés comme suspects que en ceux en qui, initialement, ils avaient confiance. Pandolfo Petrucci, prince de Sienne, gouvernait son État plus associé à ceux qui avaient été initialement suspectés qu'à ceux qui ne l'avaient pas été. Cependant, cette généralisation ne peut être appliquée de manière globale, car elle varie selon le cas. Je dirai seulement que les hommes qui, au début d'un principat, étaient adversaires, mais dont la qualité les oblige à chercher du soutien pour se maintenir, peuvent être conquis par le prince avec facilité. Ils seront plus enclins à le servir avec loyauté, d'autant plus qu'ils percevront la nécessité de changer l'opinion négative qui existait à leur sujet. Ainsi, le prince tirera toujours plus d'utilité d'eux que de ceux qui, en le servant avec une sécurité excessive, négligent leurs responsabilités.

Et, dans le contexte approprié, je veux rappeler aux princes qui ont acquis un nouvel État par des faveurs internes de cet État même, qu'ils considèrent soigneusement quelle raison a poussé ceux qui les ont favorisés: s'il s'agissait de l'affection naturelle envers le prince ou simplement du mécontentement envers l'ancien État. Dans le deuxième cas, il sera extrêmement difficile de les maintenir en tant qu'amis, car il est presque impossible de les satisfaire. En analysant correctement, il sera plus facile pour le prince de gagner l'amitié de ceux qui, bien qu'adversaires du prince, étaient satisfaits du gouvernement précédent, que de ceux qui, parce qu'ils n'étaient pas satisfaits du gouvernement précédent, sont devenus amis du prince et l'ont soutenu dans la conquête.

Il est courant pour les princes de construire des forteresses pour assurer la sécurité de leur État, ces forteresses étant un frein pour ceux qui s'opposent à eux. Ils cherchent également à avoir un refuge sûr contre les attaques soudaines. J'approuve cette approche, qui a été utilisée depuis longtemps. Cependant, Monseigneur Niccolò Vitelli, de nos jours, a détruit deux forteresses dans la ville de Castello pour maintenir l'État. Guido Ubaldo, duc d'Urbino, après être revenu dans ses domaines dont César Borgia l'avait expulsé, a détruit les fondations de toutes les forteresses de cette province, croyant qu'il serait plus difficile de perdre à nouveau son État sans elles. Les Bentivogli, en retournant à Bologne, ont suivi des méthodes similaires.

Par conséquent, l'utilité des forteresses varie selon les temps. Un prince qui craint plus ses sujets que les étrangers doit construire des forteresses, mais celui qui craint plus les étrangers que les sujets ne doit pas s'en préoccuper. Le château de Milan, construit par Francisco Sforza, a causé et causera plus de problèmes à la maison des Sforzas que toute autre désordre dans cet État.

Cependant, la meilleure forteresse est de ne pas être haï par le peuple; même si le prince a des forteresses, si le peuple le hait, elles ne le sauveront pas, car, lorsque les gens prennent les armes, il y aura toujours des étrangers prêts à les secourir. Actuellement, nous ne voyons pas que les forteresses aient été bénéfiques pour aucun prince, sauf pour la comtesse de Forlì, lorsque son mari, le comte Jérôme, a été tué. Grâce aux forteresses, elle a pu échapper à la colère populaire, attendre le secours de Milan et récupérer l'État. Cependant, à cette époque, les étrangers ne pouvaient pas secourir le peuple. Par la suite, les forteresses ont peu aidé lorsque César Borgia l'a attaquée, et le peuple, hostile à elle, s'est rallié à lui. Ainsi, tant la première que la deuxième fois, il aurait été plus sûr pour elle de ne pas être haïe par le peuple que de posséder des forteresses. Considérant tous ces aspects, je louerai autant ceux qui les construiront que ceux qui ne les construiront pas et je critiquerai celui qui, se fiant aux forteresses, ne se soucie pas d'être haï par le peuple.

CE QUI EST APPROPRIÉ POUR QUE LE PRINCE SOIT CONSIDÉRÉ EXCELLENT

Quod principem deceat ut egregius habeatur

Rien ne rend un prince aussi estimé que les grandes entreprises et les exemples rares. Nous avons, de nos jours, Ferdinand d'Aragon, actuel roi d'Espagne. On peut presque le considérer comme un prince nouveau, car d'un monarque faible, il est devenu, par sa renommée et sa gloire, le premier roi des chrétiens; et si l'on examine ses actions, on les trouvera toutes grandioses et certaines extraordinaires. Au début de son règne, il attaqua Grenade; cette entreprise fut le fondement de son État.

Tout d'abord, avec toute liberté et sans crainte d'être empêché, il retint l'attention des barons de Castille occupés par la guerre, les empêchant de penser à de nouvelles idées; ainsi, il acquit réputation et pouvoir sur eux sans qu'ils s'en rendissent compte. Il put maintenir ses armées avec l'argent de l'Église et du peuple, et grâce à une guerre prolongée, il put établir une base solide pour son armée, qui le honora ensuite. De plus, pour entreprendre des actions encore plus grandes, en se servant toujours de la religion, il se livra à une cruauté pieuse en expulsant et dépouillant de son royaume les marranes; cet exemple ne pouvait être plus misérable, ni plus rare.

Protégé par ce même prétexte, il attaqua l'Afrique; il mena la campagne d'Italie et, finalement, attaqua la France; ainsi, il ourdit toujours de grandes entreprises, maintenant ainsi les esprits de ses sujets en suspens et admiratifs, occupés par le succès de ces guerres. Ces actions découlaient les unes des autres, de sorte qu'entre chacune d'elles, il n'y avait jamais d'espace pour que les hommes puissent agir contre lui en silence.

Il est également avantageux pour un prince de donner des exemples rares de son comportement dans son propre État, similaires à ceux que l'on raconte du Seigneur Barnabé de Milan. Lorsqu'il y a une occasion pour quelqu'un de faire quelque chose d'extraordinaire, que ce soit pour le bien ou pour le mal, dans la vie civile, il doit trouver un moyen de le récompenser ou de le punir, dont on parlera beaucoup. Et surtout, un prince doit se forger une réputation d'homme grand et d'intelligence excellente dans toutes ses actions.

Un prince est également estimé lorsqu'il est un véritable ami et un véritable ennemi, c'est-à-dire lorsqu'il se montre sans réserve en faveur de l'un contre l'autre. Cette attitude est toujours plus utile que la neutralité, car si deux puissants voisins entrent en conflit, le prince peut craindre le vainqueur, ou peut-être pas. Dans l'un de ces deux cas, il sera toujours plus utile pour le prince de se déclarer et de mener une guerre digne; car, dans le premier cas, s'il ne se déclare pas, il sera toujours la proie de celui qui a gagné, avec le plaisir et la satisfaction de celui qui a été vaincu; et il n'aura ni raison ni rien d'autre pour le défendre, ni personne pour l'accueillir. Car le vainqueur ne veut pas d'amis suspects, qui ne l'ont pas aidé dans l'adversité; et le perdant n'accueille pas celui qui n'a pas voulu risquer sa vie pour lui avec des armes à la main.

Antiochus était allé en Grèce, appelé par les Étoliens pour chasser les Romains. Il envoya des ambassadeurs aux Achéens, qui étaient amis des Romains, pour les exhorter à rester neutres; et d'autre part, les Romains les persuadaient de prendre les armes pour eux. Cette question fut délibérée au conseil des Achéens, où l'ambassadeur d'Antiochus les persuada de rester neutres; à cela, l'ambassadeur romain répondit: 'Quod autem isti dicunt non interponendi vos bello, nihil magis alienum rebus vestris est; sine gratia, sine dignitate, praemium victoris eritis.' Et il arrivera toujours que ceux qui ne sont pas amis du prince chercheront de lui la neutralité; et les amis, qu'il se révèle par les armes. Les princes indécis, pour éviter les dangers actuels, suivent le plus souvent la voie de la neutralité et se ruinent presque toujours.

Mais lorsque le prince se montre avec audace en faveur de l'une des parties, si celui à qui il adhère l'emporte, même s'il est puissant et que le prince soit à sa merci, le vainqueur lui sera redevable et lié par l'amitié; car les hommes ne sont pas si malhonnêtes pour payer une telle aide avec une telle ingratitude. De plus, les victoires ne sont jamais si décisives que le vainqueur n'ait à respecter aucune justice, surtout en ce qui concerne la justice. Et le prince pourra compter sur le soutien de son allié même s'il est le perdant, aidant le prince chaque fois qu'il le pourra, le rendant compagnon d'une fortune changeante.

Dans le deuxième cas, où ceux qui se battent entre eux sont du genre que le prince ne devrait pas craindre, il sera encore plus prudent de s'allier à l'un d'eux; car il précipitera la ruine de celui que l'autre aurait dû sauver s'il avait été sage; car, en gagnant, il sera à la merci du prince, sans l'aide de qui il aurait été impossible de gagner. On remarque ici qu'un prince doit prendre soin de ne jamais faire alliance avec quelqu'un de plus puissant que lui pour attaquer les autres, sauf quand la nécessité l'oblige, comme cela a été dit auparavant, car en gagnant, il devient prisonnier de l'autre; et les princes doivent éviter, autant que possible, de se mettre à la merci des autres. Les Vénitiens se sont alliés à la France contre le duc de Milan, et ils auraient pu éviter cette alliance, qui a abouti à leur ruine. Mais lorsqu'on ne peut pas l'éviter, comme cela est arrivé aux Florentins lorsque le pape et l'Espagne sont venus avec leurs armées attaquer la Lombardie, alors le prince doit adhérer pour les raisons décrites précédemment. Le prince ne doit jamais croire qu'un État puisse prendre parti en toute sécurité; au contraire, il doit toujours penser à le prendre toujours avec des doutes; car il fait partie de l'ordre des choses que, pour éviter un inconvénient, on finisse par en courir un autre; mais la prudence consiste à reconnaître la nature des inconvénients et à considérer le moins préjudiciable comme bon.

Un prince doit aussi montrer son amour pour les vertus, accueillir les hommes vertueux et honorer les meilleurs dans un art. En même temps, il doit veiller à ce que les citoyens puissent exercer en toute sécurité leurs métiers, dans le commerce et l'agriculture, ou dans toute autre activité humaine; et que certains ne craignent pas d'améliorer leurs biens de peur qu'on les leur prenne; et que d'autres ne craignent pas d'ouvrir un commerce de peur des impôts; mais que ceux qui font ces choses soient récompensés, ainsi que ceux qui pensent à toute autre manière d'agrandir leur ville ou leur État. De plus, aux moments appropriés de l'année, le prince doit occuper le peuple avec des fêtes et des spectacles. Et parce que chaque ville est divisée en guildes ou en tribus, il doit prendre soin de ces communautés, se réunir avec elles de temps en temps, donner des exemples d'humanité et de munificence, rester toujours ferme, malgré la majesté de sa dignité, car elle ne doit jamais faire défaut en rien.

DE CEUX QUE LES PRINCES TIENNENT EN SECRET

De his quos a secretis
principes habent

Ce n'est pas un sujet de peu d'importance pour un prince le choix de ses ministres ; qui seront bons ou non, selon la prudence du prince. Et la première conjecture que l'on fait sur l'intelligence d'un seigneur vient du fait de savoir quels hommes il a autour de lui ; s'ils sont capables et fidèles, on considérera toujours le prince comme sage, car il sait les reconnaître et les maintenir fidèles.

Mais, quand ce n'est pas le cas, on aura toujours une mauvaise opinion de lui ; car, la première erreur qu'il commet, c'est justement dans ce choix. Il n'y a personne qui, connaissant Monseigneur Antoine de Venafro comme ministre de Pandolphe Pétrucce, Prince de Sienne, ne juge Pandolphe comme un homme de grande valeur, pour l'avoir comme ministre. Et, parce qu'il y a trois sortes d'intelligences - une qui comprend les choses par elle-même, une autre qui discerne ce que les autres comprennent et une troisième qui ne comprend ni par elle-même ni par les autres : la première est excellente, la deuxième est excellente et la troisième est inutile -, il était donc inévitable que, si Pandolphe n'était pas dans le premier cas, il était au moins dans le deuxième ; car, chaque fois que quelqu'un a la capacité de connaître le bien et le mal que quelqu'un fait et dit, même s'il n'a pas la capacité de discerner par lui-même, il reconnaît les mauvaises œuvres et les bonnes, et loue celles-ci et corrige les autres. De cette manière, le ministre n'aura pas d'espoir de tromper le prince et restera bon.

Mais, pour qu'un prince puisse connaître un ministre, il existe cette méthode qui ne manque jamais. Quand le prince remarque que le ministre pense plus à ses propres affaires qu'à celles du prince, et qu'en toutes actions il cherche son intérêt personnel, le prince saura que cet homme ne sera jamais un bon ministre, et qu'il ne pourra pas lui faire confiance ; car celui qui a un État entre les mains ne doit jamais penser à lui-même, mais toujours au prince, et ne doit jamais le faire rappeler à ce qui ne concerne pas l'État.

Et d'autre part, le prince, pour le maintenir bon, doit penser au ministre, en l'honorant, en le rendant riche, en lui étant reconnaissant, en le faisant participer aux honneurs et aux charges, pour qu'il sente que le prince ne peut se passer de lui ; mais que les nombreux honneurs ne lui fassent pas désirer d'autres, ni les grandes richesses ne lui fassent désirer d'être plus riche et les nombreuses charges ne lui fassent craindre les changements. Alors, quand les ministres et les princes envers les ministres sont de cette espèce, ils peuvent se faire confiance ; mais, quand ce n'est pas le cas, le résultat sera toujours dommageable pour l'un ou pour l'autre.

COMMENT ÉVITER LES FLATTEURS

Quomodo adulatores sint fugiendi

Je ne veux pas négliger un point important et une erreur contre laquelle les princes auront beaucoup de mal à se défendre s'ils ne sont pas très prudents ou ne font pas de bons choix. Il s'agit des flatteurs, dont les cours regorgent ; car les hommes prennent tellement plaisir à leurs propres affaires et se trompent tellement qu'ils ont du mal à se défendre contre ce fléau ; et en voulant se défendre, ils courent le risque d'être méprisés. Car il n'y a pas d'autre moyen de se protéger contre les flatteurs que de faire comprendre aux hommes qu'on ne blesse pas un prince en lui disant la vérité ; mais lorsque tout le monde peut dire la vérité, les flatteries disparaissent.

Par conséquent, un prince prudent doit avoir un troisième moyen, en choisissant dans son État des hommes sages, et leur seul doit donner le libre arbitre de lui dire la vérité, mais des choses qu'il demande, et pas d'autres ; cependant, il doit leur demander leur avis sur toutes choses, et les écouter ; ensuite, il délibérera par lui-même, à sa manière ; et, sur ces conseils, et avec les conseillers, il se comportera de manière à ce que tous sachent que plus ils parleront librement, plus ils plairont au prince. Le prince n'écoutera personne d'autre, et il convient qu'il exécute toujours ce qui a été décidé et qu'il persiste dans ses délibérations. Celui qui agit autrement se ruine à cause des flatteurs, ou devient plus changeant face à la diversité des opinions, ce qui le rend moins estimé.

Je veux à ce propos apporter un exemple contemporain. Dom Luca, homme de l'empereur actuel Maximilien, parlant de Sa Majesté, disait que, bien que l'empereur ne consulte personne, il ne faisait jamais rien selon ses caprices, sa conduite était donc contraire à ce qui a été dit précédemment. Car l'empereur est un homme réservé, il ne communique pas ses desseins à quiconque et ne demande pas d'avis sur ses idées ; mais lorsqu'il les met en pratique, elles deviennent connues et se révèlent ; par conséquent, elles sont contredites par ceux qui l'entourent, et comme il est conciliant, il les abandonne rapidement. Il en résulte que ce qu'il fait un jour, il le détruit le lendemain ; et on ne comprend jamais ce qu'il veut ou pense faire, et donc personne ne peut se baser sur les délibérations de l'empereur.

Un prince, donc, doit toujours se conseiller, mais seulement quand il le veut, et non quand les autres le veulent ; au contraire, il doit refuser à tous le désir de lui donner des conseils non sollicités ; mais d'autre part, il doit poser beaucoup de questions, et, des choses demandées, être un auditeur patient de la vérité. Cependant, s'il comprend que quelqu'un, pour une raison quelconque, ne lui dit pas la vérité, il doit montrer son mécontentement. Et si beaucoup affirment qu'un prince, réputé prudent, doit cette qualité non à la nature, mais aux bons conseils de ceux qui l'entourent, il se trompe sans aucun doute. Car c'est une règle générale qui ne faillit jamais : un prince qui n'est pas sage par nature ne peut être bien conseillé, à moins que, par chance, il se lie à un seul conseiller réputé très prudent, qui guide le prince en tout. Cela pourrait arriver, mais cela ne durerait pas longtemps, car ce gouverneur lui prendrait bientôt l'État ; mais en prenant conseil auprès de plus d'un, un prince qui n'est pas sage ne recevra jamais de conseils cohérents, et ne saura pas les concilier seul ; chaque conseiller pensera à son propre intérêt, et le prince ne saura ni corriger ni reconnaître les conseils reçus. Et on ne peut trouver des conseillers d'une autre espèce ; car les hommes seront toujours mauvais s'ils ne deviennent pas bons par nécessité. Cependant, on en conclut qu'il est préférable que les bons conseils, d'où qu'ils viennent, naissent de la prudence du prince, et non que la prudence du prince naisse des bons conseils.

POURQUOI LES PRINCES D'ITALIE ONT-ILS PERDU LE ROYAUME

Cur Italiae principes regnum amiserunt

Les choses précédemment décrites, lorsqu'elles sont suivies avec prudence, font qu'un nouveau prince semble ancien, le rendant plus sûr et plus ferme dans l'État que s'il y était enraciné depuis longtemps. Car un prince nouveau est beaucoup plus observé dans ses actions qu'un prince héréditaire, et lorsque ces actions deviennent vertueuses, elles conquièrent beaucoup plus les hommes et les obligent beaucoup plus que l'ancienneté du sang le ferait. Car les hommes se laissent beaucoup plus guider par les choses présentes que par les passées, et lorsqu'ils trouvent le bien dans les présentes, ils en éprouvent du plaisir et ne cherchent rien de plus ; au contraire, ils défendront le prince, pourvu qu'il ne les déçoive pas dans d'autres domaines. Ainsi, il aura la double gloire d'avoir initié un nouveau principat et de l'avoir orné et renforcé avec de bonnes lois, de bonnes armes et de bons exemples ; d'autre part, il aura doublé sa honte s'il a perdu son État par peu de prudence, étant né prince.

Et si l'on considère ces seigneurs qui ont perdu leurs États en Italie à notre époque, comme le roi de Naples, le duc de Milan et d'autres, on trouvera en eux, tout d'abord, un défaut commun concernant les armes, pour les raisons longuement exposées précédemment ; ensuite, on verra que certains d'entre eux ont eu le peuple comme ennemi, ou, s'ils l'ont eu comme ami, n'ont jamais pu s'assurer des grands ; car sans ces défauts, les États qui ont assez de vigueur pour maintenir une armée sur le terrain ne se perdent pas. Philippe de Macédoine - non pas le père d'Alexandre, mais celui qui a été vaincu par Tito Quinctius - n'avait pas un État très étendu par rapport à la grandeur des Romains et de la Grèce, qui l'ont attaqué ; cependant, étant un homme militaire et sachant divertir le peuple et s'assurer des grands, il a soutenu pendant de nombreuses années la guerre contre eux ; et s'il a finalement perdu la domination sur certaines villes, il lui restait néanmoins le royaume.

Par conséquent, que nos princes, qui sont restés de nombreuses années dans leurs principautés pour ensuite les perdre, n'accusent pas la fortune, mais leur propre lâcheté, car en ne pensant jamais que les temps calmes peuvent changer (ce qui est un défaut commun aux hommes, ne se souciant pas de la tempête dans le calme), lorsque les temps adverses surviennent, ils pensent à fuir et non à se défendre ; et ils espèrent que les peuples, fatigués de l'insolence du vainqueur, les rappelleront. Ce parti, lorsque les autres échouent, est bon ; mais délaisser les autres remèdes pour lui est très mauvais. Nous ne devons jamais tomber en croyant trouver quelqu'un pour nous relever, car cela peut ne pas arriver et, lorsque cela arrive, ce n'est jamais pour notre sécurité, car c'est une défense basse et ne dépendant pas de nous. Les défenses sont bonnes, certaines et durables lorsqu'elles ne dépendent que de nous-mêmes et de notre vertu.

QUANT À CE QUE LA FORTUNE PEUT FAIRE DANS LES AFFAIRES HUMAINES, ET COMMENT IL CONVIENT DE S'Y OPPOSER

Quantum fortuna in rebus humanis possit, et quomodo illi sit occurrendum

Il n'est pas inconnu pour moi que beaucoup ont l'opinion selon laquelle les affaires du monde sont gouvernées par la fortune et par Dieu, de telle sorte que les hommes, avec prudence, ne peuvent les corriger ni les réparer ; et donc, ils jugeraient qu'il ne convient pas d'insister trop sur les choses, mais de se laisser guider par le hasard. Cette opinion est plus répandue de nos jours, en raison de la grande variabilité des événements que l'on a vus et que l'on voit tous les jours, et qui sont au-delà de toute conjecture humaine. En y réfléchissant, parfois, je me penche, d'une certaine manière, vers cette opinion. Néanmoins, pour que notre libre arbitre ne s'épuise pas, je considère la possibilité que la fortune soit l'arbitre de la moitié de nos actions, nous permettant de gouverner encore l'autre moitié, ou presque.

Je la compare à ces rivières tumultueuses qui, lorsqu'elles se déchaînent, inondent les plaines, détruisent les arbres et les bâtiments et emportent une partie de la terre pour la déposer ailleurs ; tout fuit devant elle, tout cède à son élan, et rien ne s'oppose à elle nulle part. Mais, bien que les choses soient ainsi, lorsque les temps se calment, les hommes peuvent prendre des mesures en creusant des fossés, en construisant des barrages, de sorte que, lorsque les eaux montent à nouveau, elles suivent un canal, ou leur élan n'est ni aussi déchaîné ni aussi dommageable. Il en va de même pour la fortune, qui révèle sa puissance là où il n'y a pas de vertu organisée pour lui résister, et déverse son élan là où il n'y a pas de digues ni de fossés pour la contenir. Et si vous considérez l'Italie, qui est le théâtre de ces variations, et ce qui les a impulsées, vous trouverez un champ sans digues ni fossés ; si elle était protégée par la vertu nécessaire, comme la Magna, l'Espagne et la France, les inondations n'auraient pas provoqué les grandes variations qu'il y a, ou elles ne se seraient pas produites.

Et avec cela, je crois qu'il a déjà été suffisamment dit sur l'opposition à la fortune, de manière générale.

En me restreignant cependant davantage au particulier, je dis qu'aujourd'hui on voit ce prince prospérer, et demain s'effondrer, sans qu'il y ait de changement de nature ou de qualité en lui ; je crois que cela est dû, avant tout, aux raisons déjà longuement exposées, à savoir que le prince qui s'appuie entièrement sur la fortune s'effondre lorsque celle-ci varie. Je crois encore que celui qui adapte ses actions à la nature des temps est heureux ; de même, celui qui agit en désaccord avec les temps est malheureux. Car les hommes, par rapport aux choses qu'ils convoitent toutes – c'est-à-dire la gloire et la richesse – agissent de manière variée : l'un avec prudence, l'autre avec impétuosité ; l'un avec violence, l'autre avec astuce ; l'un avec patience, l'autre sans ; et avec ces divers modes, chacun peut atteindre cette fin.

On voit encore que, entre deux prudents, l'un atteint son objectif, l'autre non ; de même, on peut les voir prospérer avec deux modes d'action : par la prudence et par l'impétuosité. Ces choses ne dérivent que de la nature des temps, qui s'accorde ou non avec les modes d'action. Il en résulte ce que j'ai déjà exposé : que deux individus, agissant de manière différente, atteignent le même effet ; et, entre deux autres, opérant de manière similaire, l'un atteint l'objectif souhaité, l'autre non. De cela dépend également la stabilité du succès ; car si quelqu'un agit avec prudence et patience, et que les temps et les circonstances contribuent à ce que son comportement soit bon, il prospère ; mais lorsque les temps et les circonstances changent, il s'effondrera s'il ne change pas aussi. Aucun homme prudent ne peut s'adapter à cela ; soit parce qu'il ne peut dévier de ce à quoi la nature le pousse, soit parce que, ayant toujours prospéré par un certain chemin, il ne sera pas persuadé de changer de cap. C'est pourquoi l'homme prudent, lorsqu'il voit venir le moment d'être impétueux, ne sait pas le faire et s'effondre, alors que s'il changeait de nature, selon les temps et les circonstances, la fortune ne changerait pas non plus.

Le pape Jules II a agi avec impétuosité dans toutes ses actions ; et il a trouvé les temps et les circonstances conformes à son mode d'action, ce qui a toujours abouti à un dénouement heureux. Considérez la première entreprise qu'il a menée contre Bologne, alors que Monseigneur Jean Bentivoglio était encore en vie. Les Vénitiens n'étaient pas satisfaits ; le roi d'Espagne non plus ; avec la France, le pape discutait de cette entreprise ; cependant, avec la férocité et l'impétuosité qu'il avait, il a personnellement lancé cette expédition, qui, une fois commencée, a rendu l'Espagne et les Vénitiens indécis et prêts ; ceux-ci par peur, et celle-là par le désir de récupérer tout le royaume de Naples. D'autre part, le pape a entraîné avec lui le roi de France, car, voyant ce roi en mouvement et désirant en faire un ami pour diminuer le pouvoir des Vénitiens, il a jugé qu'il ne pouvait pas lui refuser ses armées sans l'offenser manifestement. Ainsi, Jules a accompli, avec sa manœuvre impétueuse, ce qu'aucun autre pontife, avec toute la prudence humaine, n'aurait accompli ; car s'il avait attendu à Rome la conclusion des accords et l'organisation de toutes choses, comme tout autre pontife l'aurait fait, il aurait échoué : le roi de France aurait trouvé mille excuses ; les autres auraient évoqué mille craintes. Je laisse de côté les autres actions du pape, toutes semblables et toutes bien menées. La brièveté de la vie ne lui a pas permis de ressentir le contraire, et si des temps venaient à exiger de lui qu'il agisse avec prudence, sa ruine surviendrait également, car il ne se serait jamais détourné des modes auxquels la nature le poussait.

Je conclus donc que, la fortune étant inconstante, et les hommes étant obstinés dans leurs manières, ils seront heureux tant que la fortune et les manières seront en accord ; et lorsqu'ils seront en désaccord, ils seront malheureux. Je juge cependant qu'il vaut mieux être impétueux que prudent ; car la fortune est une femme, et pour la maintenir soumise, il faudra la battre et la contredire. Et l'on voit qu'elle se laisse plus facilement vaincre par ceux-ci que par ceux qui agissent froidement. Et, étant femme, elle est toujours amie des jeunes, car les jeunes sont moins prudents, plus féroces et dominent avec plus d'audace.

EXHORTATION À PRENDRE L'ITALIE ET À REVENDIQUER SA LIBERTÉ DES BARBARES

*Exhortatio ad capessendam
Italiam in libertatemque a
barbaris vindicandam*

Considérant donc toutes les choses discutées auparavant, je me suis demandé s'il était temps, dans l'Italie d'aujourd'hui, d'honorer un nouveau prince ; et s'il y avait matière à ce qu'une personne, prudente et vertueuse, y introduise une forme de gouvernement digne de lui et de son peuple. Il m'a semblé alors qu'il y avait tellement de choses en faveur d'un nouveau prince que je ne sais pas quel moment pourrait être plus propice pour cela. Et si, comme je l'ai dit, il était nécessaire que le peuple d'Israël soit esclave en Égypte pour connaître la vertu de Moïse ; pour connaître la grandeur d'esprit de Cyrus, que les Perses soient opprimés par les Mèdes ; et l'excellence de Thésée, que les Athéniens soient dispersés ; de même, à l'heure actuelle, pour connaître la vertu d'un esprit italien, il était nécessaire que l'Italie soit réduite au point où elle se trouve actuellement, et qu'elle soit plus asservie que les Hébreux, plus opprimée que les Perses et plus désunie que les Athéniens : sans chef, sans ordre ; battue, dépouillée, déchirée, pillée, et ayant supporté tout type de ruine.

Et bien que, jusqu'à présent, on ait remarqué chez certains quelques actions qui semblaient inspirées par Dieu pour la rédemption de l'Italie, on a ensuite vu que celui qui les avait entreprises, au plus haut de son succès, avait été vaincu par le destin. Ainsi, sans vie, l'Italie attend celui qui pourra guérir ses blessures, mettre fin aux pillages de la Lombardie, aux tributs du Royaume de Naples et de la Toscane, et la guérir de ces plaies depuis longtemps gangrenées. Nous voyons comme elle implore Dieu pour qu'il lui envoie quelqu'un qui la délivre de ces cruautés et de ces insolences barbares. Nous la voyons encore toute prête et disposée à suivre un étendard, pourvu qu'il y ait quelqu'un pour le brandir. Cependant, nous ne voyons pas, à l'heure actuelle, en quoi elle pourrait se soutenir autrement que par votre illustre maison, qui, avec sa fortune et sa vertu, favorisée par Dieu et par l'Église dont vous êtes maintenant le prince, pourrait devenir le chef de cette rédemption. Ce qui n'est pas très difficile si l'on considère les actions et la vie de ceux qui ont été mentionnés précédemment. Et bien que ces hommes soient rares et merveilleux, ils étaient néanmoins des hommes, et tous ont eu moins d'opportunités que celle-ci : car leurs entreprises n'étaient pas plus justes que celle-ci, ni plus faciles, et Dieu ne les a pas plus favorisés qu'il ne vous favorise. Ici se trouve une grande justice : "La guerre est juste pour ceux à qui elle est nécessaire, et les armes pieuses là où il n'y a aucun espoir sauf dans les armes". Ici se trouve une grande disposition ; et là où elle est grande, les difficultés ne peuvent pas être grandes lorsque l'on suit les actions de ceux que j'ai proposés en modèle. De plus, ici se déroulent des événements extraordinaires, sans précédent, dirigés par Dieu : ici, la mer s'est ouverte ; ici, un nuage vous a révélé le chemin ; ici, la pierre a versé de l'eau ; ici, la manne est tombée ; tout concourt à votre grandeur. Le reste dépend de vous ; Dieu ne veut pas tout faire, pour ne pas nous priver de libre arbitre et d'une partie de la gloire qui nous revient.

Et il ne nous étonne pas que aucun des Italiens mentionnés n'ait accompli ce que l'on attend de votre illustre maison ; il ne nous étonne pas non plus que, dans tant de révolutions en Italie et tant de manœuvres de guerre, il semble toujours que la vertu militaire soit éteinte. Cela vient du fait que les anciennes formations n'étaient pas bonnes et qu'il n'y a eu personne pour en trouver de nouvelles ; et rien n'apporte autant d'honneur à un homme nouveau que les nouvelles lois et les nouvelles ordonnances qu'il établit. Ces choses, lorsqu'elles sont bien fondées et qu'elles ont de la grandeur, lui confèrent respect et admiration ; et en Italie, il ne manque pas de circonstances pour introduire une nouvelle forme de gouvernement. Ici, la vertu est grande dans les membres, quand elle ne fait pas défaut aux chefs.

Considérez, dans les duels et les petites confrontations, à quel point les Italiens sont supérieurs en force, en habileté et en ingéniosité. Mais lorsqu'ils font partie des armées, ils ne s'en sortent pas bien. Et tout cela est dû à la faiblesse des chefs ; car ceux qui savent ne sont pas obéis, et tous pensent savoir, sans qu'il y ait jusqu'à présent quelqu'un qui se soit distingué autant par la vertu que par la fortune au point d'être reconnu par les autres. Il en résulte que, pendant si longtemps, dans tant de guerres menées au cours de ces vingt dernières années, lorsque l'armée était entièrement italienne, elle a toujours donné un mauvais exemple. On l'a constaté d'abord à Taro, puis à Alexandrie, Capoue, Gênes, Vailá, Bologne, Mestre.

Si donc votre illustre maison souhaite suivre ces hommes excellents qui ont libéré leurs provinces, il est nécessaire, avant toute chose, comme véritable fondement de toute entreprise, de se procurer ses propres armes ; car il ne peut y avoir de soldats plus fidèles, plus loyaux, ni meilleurs. Et bien que la valeur de chacun soit grande, ensemble ils deviendront meilleurs lorsqu'ils verront qu'ils sont commandés par leur prince et honorés et bien traités par lui. Il est donc nécessaire de préparer ces armes pour pouvoir, avec la vertu italienne, se défendre contre les étrangers. Et bien que les infanteries suisse et espagnole soient réputées redoutables, chacune d'elles présente un défaut, et une troisième formation pourrait non seulement les affronter, mais aussi les surpasser en toute sécurité. Car les Espagnols ne peuvent pas faire face à la cavalerie, et les Suisses craindront une infanterie aussi acharnée que la leur.

L'expérience a montré, et continuera à montrer, que les Espagnols ne peuvent pas faire face à une cavalerie française, et que les Suisses peuvent être ruinés par une infanterie espagnole. Et bien qu'il n'y ait pas eu d'exemple de ce dernier cas, il y a eu néanmoins une démonstration à la bataille de Ravenne, lorsque les infanteries espagnoles ont affronté les bataillons allemands, qui ont la même formation tactique que les Suisses : les Espagnols, avec l'agilité de leur corps et l'aide de leurs boucliers, se sont placés sous les lances ennemies et étaient certains de les vaincre, sans que ceux-ci n'aient de recours. Et si leur cavalerie n'avait pas attaqué les Espagnols, tous les Allemands auraient péri. Par conséquent, connaissant le défaut de chacune de ces infanteries, on peut organiser une nouvelle formation qui résiste à la cavalerie et n'ait pas peur des fantassins : cela se fera par la qualité des armes et par le changement de la disposition tactique. Et ce sont là des choses qui, reformulées, donnent réputation et grandeur à un nouveau prince.

On ne doit donc pas laisser passer cette occasion pour que l'Italie, après tant de temps, trouve son rédempteur. Et je ne peux dire avec quel amour il serait accueilli dans toutes ces provinces amères à cause des incursions étrangères ; avec quelle soif de vengeance, avec quelle foi obstinée, avec quelle piété, avec quelles larmes !

Quelles portes lui seraient fermées ? Quels peuples lui refuseraient obéissance ? Quelle jalousie lui serait opposée ? Quel Italien lui refuserait une faveur ? Ce règne barbare répugne à tous. Que votre illustre maison prenne donc cette affaire avec le même esprit et la même espérance que l'on entreprend les entreprises justes ; afin que sous sa bannière, cette patrie s'enrichisse ; et sous ses auspices, se réalise ce que disait Pétrarque :

Virtù contro a furore

Prenderà l'arme, e fia el combatter corto;

Ché l'antico valore

Nell'italici cor non è ancor morto.

[La vertu contre la fureur

Prendra les armes, et le combat sera court ;

Car la valeur ancienne

N'est pas encore morte dans le cœur italien.]

POSTFACE

Entre les lignes du "Le Prince"

En terminant cette édition de l'œuvre magistrale de Niccolò Machiavelli, "Le Prince", c'est avec un grand enthousiasme que je partage quelques réflexions sur le processus de traduction et les éléments qui imprègnent cette œuvre intemporelle.

Traduire "Le Prince" a été un voyage intellectuel et émotionnel qui m'a poussé à plonger dans les complexités de la pensée machiavélienne. La tâche consistait non seulement à déchiffrer des mots et des phrases, mais aussi à saisir l'essence des idées de Machiavel et à les transmettre dans un contexte linguistique contemporain. Après tout, c'est dans les méandres de cette œuvre que nous trouvons des conseils intemporels sur la politique, le pouvoir et la nature humaine.

Tout au long de ce processus, j'ai été confronté à la dualité qui caractérise Machiavel : un penseur souvent mal compris, dont les observations réalistes sur l'exercice du pouvoir transcendent les siècles. Le langage riche et engageant de l'auteur défie le lecteur à contempler non seulement les circonstances politiques de son époque, mais aussi à reconnaître la pertinence de ses idées pour les défis contemporains.

Dans cette postface, j'aimerais mettre en avant les choix spécifiques de traduction que j'ai faits, cherchant à équilibrer la fidélité à l'original avec l'accessibilité moderne. Les termes intraduisibles ou aux significations multiples ont été des sources constantes de réflexion, et la recherche d'une équivalence qui transmette l'essence machiavélienne a été un défi constant.

De plus, l'inclusion d'un index remisif vise à fournir un outil utile pour ceux qui souhaitent explorer des thèmes spécifiques dans l'œuvre. Machiavel était, après tout, un maître dans l'art de la subtilité, et sa profondeur de pensée mérite d'être explorée minutieusement.

Je ne peux pas m'empêcher d'exprimer ma gratitude aux chercheurs, collègues et amis qui ont contribué avec des idées précieuses tout au long de ce processus. Cette traduction n'aurait pas été possible sans l'échange d'idées et la collaboration qui ont enrichi ma compréhension de l'œuvre.

En refermant ces pages, j'espère que cette édition du "Prince" résonnera non seulement comme une traduction, mais aussi comme un pont reliant Machiavel à notre époque. Que les lecteurs se voient confrontés, provoqués et inspirés par ce texte, tout comme je l'ai été en entreprenant ce voyage de traduction.

Que la sagesse contenue dans "Le Prince" reste vivante et pertinente pour ceux qui cherchent à comprendre les complexités du pouvoir, non seulement comme un document historique, mais comme une œuvre dont les leçons résonnent à travers les siècles.

Darlan Calgaro

08/02/2024